Inhalt

Vorwort

Wer eine Kontaktanzeige schreibt, überlegt sich jedes Wort sehr genau. Nicht nur, weil jeder Buchstabe Geld kostet, sondern vor allem, weil jedes Wort den Schreiber in ein besonders vorteilhaftes Licht rücken soll. Bemerkenswert ist deshalb der Abschluss dieses kurzen Textes in der Rubrik »Kennenlernen« im *Zeit-Magazin*: »Ich mag Brahms, Kandinsky, Loriot und besitze eine Bahncard.«

Warum erwähnt der promovierte Naturwissenschaftler (53/1,83/Nichtraucher) seine Bahncard, um beim anderen Geschlecht aufzutrumpfen? Ob er damit eine Chance hat gegen den »alten Segler« in der Anzeige direkt darüber, der eine weibliche Begleitung für abenteuerliche Törns sucht? Oder gegen den »vermögenden Adligen«, der »in gehobener Position tätig« ist und sich bestimmt lieber im polierten Sportwagen als im Zugabteil von A nach B bewegt?

Die Frage, ob Bahnfahren sexy macht, werden wohl viele zunächst verneinen. Sie denken an schwitzende Menschen in überfüllten Großraumwagen, an streng riechende Brösel-Picknicks im Abteil, an »Schatz, ich komme später, Oberleitungsschaden«-Handyanrufe. Doch vergleichen Sie mal Passagiere nach sechs Stunden Flug und nach sechs Stunden Bahnfahrt: Letztere sehen gewöhnlich erheblich weniger zerknautscht aus,

haben keine trockenen Augen oder Knieschmerzen. Sogar Wissenschaftler fanden bereits heraus, dass Zugfahren gut für die Gesundheit ist (siehe Seite 182). So gesund wie Segeln allerdings wohl nicht, gegen diesen Kandidaten kann unser Beispiel-Single also noch nicht punkten.

Probieren wir deshalb eine andere Lesart der Anzeige: Wer Brahms, Kandinsky und seine Bahncard im gleichen Satz erwähnt, spielt darauf an, dass eine Zugreise eine höchst kultivierte Angelegenheit ist. Auch die Deutsche Bahn wünscht sich diese Assoziation bei den Kunden, sie tauft ihre Züge »Johann Sebastian Bach«, »Michelangelo« oder »Albrecht Dürer«. Wer viel aus dem Fenster schaut, lernt tatsächlich jede Menge über das Land, durch das er gerade reist, über die Geographie und die landschaftlichen Unterschiede, viel mehr als ein Flugpassagier oder ein Autofahrer. Erwischt man jedoch einen Waggon voller sangesfreudiger Fußballfans (meist keine Bach-Kantaten) oder pubertierender Schüler auf Klassenfahrt, ist das Gefühl, ein besonders exklusives Beförderungsmittel zu nutzen, gewöhnlich schnell dahin. Also, in einem solchen Fall: ebenfalls Vorteile für den Sportflitzer des vermögenden Adligen und das Segelboot. Vielleicht will der einsame Mann nur sagen, dass er mobil und auch für eine Fernbeziehung zu haben ist.

Aber vielleicht muss man seinen Text auch noch ganz anders lesen. Im Kern steht dort nämlich: »Ich mag Loriot und besitze eine Bahncard.« Lieber Naturwissenschaftler, 53, damit überzeugen Sie uns. Wir würden Sie gerne kennenlernen und könnten uns sogar eine gemeinsame Zugfahrt vorstellen. Denn Loriot und Bahncard, das passt zusammen wie Schirmmütze und

Schaffnerkopf: Wer viel mit dem Zug fährt, hat häufig das Gefühl, mitten in einem Sketch des Meisterkomikers gelandet zu sein. Zum Beispiel, wenn ein Lokführer durchsagt, dass sich die Fahrt wegen eines Fasans in der Bremszuleitung auf unbestimmte Zeit verzögert (Kapitel 13). Wenn ein Schaffner sich auf Englisch mit »Sorry for traveling with Deutsche Bahn« (Kapitel 7) verabschiedet. Wenn per Durchsage »Sex und Getränke« statt »Snacks und Getränke« angeboten werden und eine schlagfertige Schaffnerin mit dem Vorschlag reagiert, dafür doch in die erste Klasse zu wechseln. (Kapitel 1). Auch die lieben Mitreisenden können für viel Situationskomik sorgen, ihnen haben wir ein eigenes Kapitel und eine Typologie gewidmet (Kapitel 3).

Doch bei allen Problemen, über die sich Bahnfahrer immer wieder beklagen, bei allen Dingen, die im hochkomplexen deutschen Schienenverkehr oft nicht nach Plan laufen, möchten wir an dieser Stelle einmal betonen: Wir fahren gern mit der Bahn. In keinem anderen Verkehrsmittel kann man so bequem ein Buch lesen oder die Landschaft genießen (Kapitel 9). Und die skurrilen Situationen, die gibt es gratis dazu. Also, vergessen Sie den Sportwagen, vergessen Sie das Segelboot: Packen Sie die Bahncard ein, buchen Sie eine Strecke durch halb Deutschland und setzen Sie sich in ein Abteil voller fremder Menschen. Dort überlegen Sie sich, welcher der Mitreisenden am ehesten als Figur für einen Loriot-Sketch taugen würde. Kurz vor dem Aussteigen schenken Sie ihm dieses Buch – bis dahin wünschen wir Ihnen viel Spaß beim Lesen!

Antje Blinda und Stephan Orth

Unser Bordrestaurant empfiehlt heute ...
Fischers Fritzes frische Fische
frisch gefischt von Fischers Fritz
€14.40
H&B

Kapitel 1

Vertrackte Versprecher: **»Probieren Sie die alkoholfreie Erfrischungsfrikadelle!«**

Ein unbestrittener Meister des unglücklichen Versprechers ist CSU-Mann Edmund Stoiber. Einmal gab er zu, dass er in seinem Garten gerne mal »eine Blume hinrichte«. Ein andermal wollte er mit einer Rede die »gludernde Lod« bei seinen Parteikollegen entfachen und fand auch in zwei weiteren Versuchen (»gludernde Flut«, »lodernde Flut«) nicht die gesuchten Wörter. Seine berühmteste Pannenrede handelte jedoch von der in München geplanten Transrapid-Strecke vom Hauptbahnhof zum Flughafen. Ein Auszug im Wortlaut: »Wenn Sie vom Flug … äh vom Hauptbahnhof starten – Sie steigen in den Hauptbahnhof ein, Sie fahren mit dem Transrapid in zehn Minuten an den Flughafen, an den Flughafen Franz Josef Strauß, dann starten Sie praktisch hier am Hauptbahnhof in München – das bedeutet natürlich, dass der Hauptbahnhof im Grunde genommen näher an Bayern, an die bayerischen Städte heranwächst, weil das ja klar ist, weil aus dem Hauptbahnhof viele Linien aus Bayern zusammenlaufen.«

Was er damit genau sagen wollte, ist bis heute ungeklärt. Ebenso wie die Frage, ob Stoiber mit dieser misslungenen Werberede eine Mitschuld daran trug, dass das Transrapid-

Projekt schließlich scheiterte. Oder die Frage, ob es Zufall ist, dass diese Kommunikationspanne im Zusammenhang mit einem Bahnprojekt stand. Klar ist zumindest: Verbale Entgleisungen aller Art sind in Gleisfahrzeugen und Bahnhöfen keine Seltenheit – das beweisen die folgenden Anekdoten.

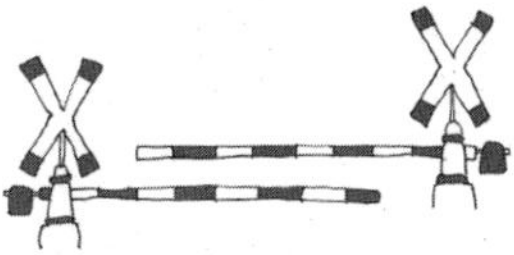

Auf einer Zugfahrt im Regionalexpress aus Hannover wollte der Schaffner kurz vor Einfahrt in den Bremer Hauptbahnhof die Anschlussverbindungen durchsagen. Anstatt mit »Verehrte Fahrgäste« wurden wir zu unserer großen Freude mit »Verehrte Fahrgleise« angesprochen. Erst zwei, drei Sekunden später bemerkte der Schaffner das Malheur und brach die Ansage vor Lachen ab. Einen zweiten Versuch gab es nicht.

Carsten Binnewies

Als Telefone in Zügen der Deutschen Bundesbahn noch neu waren, habe ich einmal folgende Durchsage gehört: »Sehr geehrte Fahrgäste, an Bord dieses Intercitys befindet sich ein Selbstwähltelefon, von dem aus Sie Selbstgespräche ins In- und Ausland führen können.«

Urs von Freydorf, Bonn

Folgende Durchsage war in einem ICE von Hamburg nach Berlin zu hören: »Verehrte Fahrgäste, aus aktuellem Anlass fol-

gender Hinweis: Dieser ICE ist ein Nichtraucherzug. Das gilt auch für die Toiletten. Wir haben da nämlich Kameras ... äh ... Rauchmelder.«

Heiko Adam, Hamburg

Durchsage im Jahr 2010: »In Kürze erreichen wir die Bundeshauptstadt Bonn.«

Stefan Ritter, Köln

Auf der Strecke Oldenburg-Wilhelmshaven machte der Lokführer folgende Durchsage: »Aufgrund eines auf den Gleisen stehenden Lkw verzögert sich die Weiterfahrt um ein paar Minuten.« Ein Knistern war zu hören, dann ganz leise: »Der Idiot ... wo hat der denn bitte seinen Führerschein her? Tja, klar, und jetzt auch noch dämlich grinsen und winken – so einer sollte nicht mehr in den Straßenverkehr gelassen werden ... *Oh, verdammt*!!!« Dann wieder deutlich lauter: »Es tut mir leid, dass Sie diese Unterhaltung mit anhören mussten, wir sind nun bereit zur Weiterfahrt!« Der Lokführer hatte vergessen, das Mikro auszustellen.

Maureen Wreg

Im Intercity von Karlsruhe Richtung Nürnberg, sehr früh am Morgen. Der noch müde wirkende Zugbegleiter informierte die Reisenden per Durchsage über das kulinarische Angebot: »Unser Bordbistro bietet Ihnen heute: eine alkoholfreie Erfrischungsfrikadelle mit ... äh ... ein alkoholfreies Erfrischungsgetränk mit Frikadelle!«

Moritz Schwering, Albersweiler

An einem Sonntagabend, an dem Bauarbeiten auf der Strecke von Kassel nach Frankfurt stattfanden, sagte der Zugbegleiter Folgendes: »Sehr geehrte Fahrgäste! Ab jetzt sind keine planmäßigen Verspätungen mehr eingeplant!«

Marcel Leßmann

Ansage des Zugchefs: »Unser Personal im Bordrestaurant würde sich gerne auf Sie freuen.«

Frank Muschalle, Berlin

BAHN-ABC:
Ausstieg

A

Gelegenheit, den Zug zu verlassen. Meist befindet sich dort eine Tür mit einer fest installierten Geheimautomatik, die es unmöglich macht, sie beim ersten Knopfdruck oder ersten Rütteln am Griff zu öffnen.

Einen schönen Versprecher habe ich im ICE auf der Fahrt von Basel nach Hannover erlebt. Es war schon nach 23 Uhr und dunkel. Ich döste vor mich hin, als ich folgende Ansage des Zugchefs hörte: »Sehr verehrte Fahrgäste, in wenigen Minuten erreichen wir Berlin Hauptbahnhof.« Mein Puls schnellte auf 180, mein Kopf ruckte zum Fenster. Dann kam der Rest der Ansage: »Entschuldigung, Hannover Hauptbahnhof.« Ich war jetzt jedenfalls hellwach.

Tim Groth, Braunschweig

Gerade war neu eingeführt worden, dass ein Zugmitarbeiter vor dem Aussteigen ansagt, auf welcher Seite der Bahnsteig ist. Da kam kurz vor Düsseldorf folgende Durchsage: »Nächster Halt Düsseldorf Hauptbahnhof. Zum Aussteigen benutzen Sie bitte die Türen …« Sehr lange Pause, Gelächter im Zug, erst dann ging es weiter: »… auf der rechten Seite.«

Jan Meese, Wuppertal

Im Intercity von Stuttgart nach Köln knackte der Lautsprecher. Dann folgte eine Durchsage in sehr bedeutsamem Tonfall: »Achtung, Achtung! Im Speisewagen sind zurzeit alle Sitze beplätzt.«

Thomas Heinrich, Wien

Kurz vor Karlsruhe in einem Zug mit halbstündiger Verspätung kam die Durchsage: »Wir bitten die Entspätung zu verschuldigen!«

Wolfgang Rieger, Freiburg

Ich steckte einmal eine Stunde mit dem ICE irgendwo in der Pampa fest. Es ging nichts voran, und es gab auch keine Prognose. Dafür gab es eine Durchsage, die selbst den grimmigsten Reisenden ein Lächeln entlockte – das ist wahre Meisterschaft. »Sehr geehrte Fahrgäste, aufgrund einer Streckensperrung hat unser Zug momentan eine Verspätung von circa einer Stunde. Die Weiterfahrt verzögert sich auf unbestimmte Zeit. Wir bitten Sie, das zu bedauern.« Kurz danach wurde die Bar geöffnet, und es gab alkoholfreie Getränke auf Kosten des Hauses.

Michael Bieligk

Mein Lieblingsversprecher, damals bei der Einfahrt in den Bahnhof Erlangen: »Verehrte Fahrgäste, in Kürze erlangen wir …« Der Rest ging in einem Lachanfall unter.

Tobias Kipp, Gilching

Ich saß an einem schönen Sommertag in einem Regionalzug aus Oranienburg in Richtung Süden. Der Zug näherte sich dem Berliner Hauptbahnhof, da ertönte folgende Ansage: »Sehr geehrte Damen und Herren, in Kürze erreichen wir den Bahnhof Potsdamer Platz … ähhh … ach, Scheiße, wo sind wir denn jetzt?! So wird das hier nichts!« Der Bahnhof Potsdamer Platz kommt wohlgemerkt nach dem Hauptbahnhof. Die Ansage jedenfalls brach abrupt ab, kurz darauf meldete sich der Zugchef erneut: »So, sehr geehrte Damen und Herren, wir erreichen in Kürze natürlich Berlin Hauptbahnhof und nicht Potsdamer Platz. Ich würde Ihnen auch gerne sagen, an welche Züge Sie dort Anschluss haben, aber mein Handy will nicht mehr, und meine Liste, von der ich jetzt ablesen könnte, finde ich nicht. Im Namen der Deutschen Bahn wünsche ich allen Fahrgästen, die am Hauptbahnhof um- oder aussteigen, eine gute Weiterreise und einen schönen Tag!« Ich konnte mich, wie einige andere Fahrgäste auch, kaum noch vor Lachen halten.

Peter Ley, Berlin

Die schönste Durchsage, die ich je erlebt habe: »Wir begrüßen die zugestiegenen Fahrscheine!«

Ralph Piotrowski, Berlin

Einmal herrschte auf dem Bahnhof Rosenheim Chaos: Regio-

nalzüge fuhren nicht, aber ein Intercity. Die Zentrale in Frankfurt genehmigte, dass auch Passagiere mit Nahverkehrstickets auf den IC ausweichen durften, Abfahrt sei in wenigen Minuten auf Gleis 4. Als wir am Bahnsteig ankamen, wurde der Zug sogleich per halbverständlicher Lautsprecherdurchsage angekündigt: »Es fährt ein der Intercity aus München – auf Gleis 3.« Wie, auf Gleis 3? Es hieß doch Gleis 4. Einige Leute rannten schon in die Unterführung, um zum anderen Bahnsteig zu gelangen. Doch dann kam die Erleuchtung per wiederholter Lautsprecherdurchsage: Der Sprecher meinte nicht »auf Gleis 3«, sondern »aufpreisfrei«.

Martin Schweinberger, Traunstein

Auf einer Fahrt im ICE von Hamburg nach Göttingen hörte ich nach Verlassen des Bahnhofs Hannover folgende Durchsage: »Liebe Reisende, soeben ist unser Snackverkäufer zugestiegen. Er bietet Ihnen nun Sex und heiße Getränke. Unsere Gäste in der ersten Klasse werden auch direkt am Platz bedient.« Schweigen im vollbesetzten Abteil. Ich prustete verhalten los. Alle schauten sich um: Haben wir das richtig verstanden? Dann brach ein Lachsturm los. Kurz darauf kam die Schaffnerin ins Abteil. Wir hatten uns noch nicht beruhigt, und ich konnte mir den anerkennenden Hinweis auf das deutlich erweiterte Serviceangebot bei der Bahn nicht verkneifen. »Also habe ich doch richtig gehört«, sagte die Schaffnerin und ergänzte: »Ich möchte Sie dann aber bitten, in die erste Klasse zu wechseln, dort haben wir mehr Personal. Ich schaffe das hier nicht allein. Gern kann ich Ihnen dazu ein Upgrade verkaufen.« Das war richtig schlagfertig.

Thomas Seidel, Hamburg

Sehr nett war eine Durchsage im Intercity aus Amsterdam bei der Ankunft am Abend in Hannover: »Wir verabschieden uns von allen Vorwürfen – ähhh – von allen Fahrgästen, die in Hannover aussteigen.«

Eduard Interwies, Berlin

BAHN-ABC:
Bockwurst

B

Hat etwa den gleichen Stellenwert wie Tomatensaft auf Flugreisen. Im Alltag würde kein Mensch auf die Idee kommen, zur Bockwurst als Beilage ein Stück Schwarzbrot zu ordern, das wegen seiner extremen Trockenheit nur genießbar ist, wenn man damit am Schluss der Mahlzeit die Senfreste aufsaugt. In der Bahn dagegen muss das genau so sein, das war schon immer so.

Sehr häufig waren auf der Strecke von Bonn nach Düsseldorf, die ich jahrzehntelang regelmäßig fuhr, Ansagen über Anschlusszüge zu hören, die in »Liege« – deutsch ausgesprochen – halten. Hat eine Zeit gedauert, bis ich kapiert habe, dass das französische »Liège« (Lüttich) gemeint war.

Urs von Freydorf, Bonn

Im Sommer 2010 saß ich im Regionalexpress von Gifhorn nach Wolfsburg. Der Schaffner kündigte an, dass wir in weni-

gen Minuten Wolfsburg Hauptbahnhof erreichen. »Dort haben Sie Anschluss an einen Intercity nach … [Pause] Tschetschenien.« Ich staunte zunächst nicht schlecht über diesen Ausbau der Streckenverbindungen – tatsächlich gemeint war aber der polnische Name von Stettin, Szczecin.

Frank Muschalle, Berlin

Durchsage an einem Sonntagabend im Frühjahr 2011 im Intercity von Münster nach Frankfurt, kurz vor der Einfahrt in Köln: »Verehrte Fahrgäste, wir erreichen in Kürze den Hauptbahnhof Köln mit einer Verspätung von fünf Minuten. Sie erreichen jedoch alle Ihre Anschlusszüge. Wir bitten, dies zu entschuldigen.«

Karl-Dietrich Leonhard, Rheine

Eine Bahnfahrt von Köln nach Bremen mit dem Intercity am Donnerstag vor Ostern. Der Zug war sehr voll, und viele Reisende standen in den Gängen. Ansage des Schaffners: »Meine Damen und Herren, der nächste Halt ist Duisburg. Dort haben Sie Anschluss [ihm fällt auf, dass er seine Brille nicht aufhat] – und das Ganze ohne Brille – an den RE nach … [Pause] ich glaube, Bochum.« Lautes Gelächter im Zug, das merklich zur Auflockerung der Stimmung führte! Den Rest der Ansage hat er dann fehlerfrei über die Bühne gebracht.

Friederike Kunkel, Bamberg

Im Nachtzug von München nach Berlin: »Wir verabschieden uns von den Fahrgästen, die in Potsdam von uns gehen.«

Matthias Beutter, München

Vor etwa einem Jahr war ich mit drei Freunden unterwegs von Paris nach Mannheim. Während der Fahrt gab es wie so häufig einige außerplanmäßige Stopps, weshalb wir in Mannheim einige Minuten später als geplant ankamen. Kurz bevor wir unser Ziel erreichten, ertönte folgende Durchsage: »Sehr geehrte Damen und Herren, wir bedanken uns für die Verspätung und entschuldigen uns für Ihre Reise mit der Deutschen Bahn.«

Jasmin Fußer, Mannheim

Allerhöchste Eisenbahn

Manche unserer alltäglich benutzten Redewendungen nehmen Bezug auf die Welt der Bahn. Was wirklich dahintersteckt:

»Ich verstehe nur Bahnhof«

Diese Redewendung für absolutes Unverständnis stammt vermutlich aus dem Ersten Weltkrieg. Gegen Ende waren die deutschen Soldaten an der Westfront derartig zermürbt, dass sie nur wieder in die Heimat wollten – egal, was ihnen angewiesen wurde, sie wollten zum Bahnhof und nach Hause.

»Dasselbe in Grün«

Zwei Berliner stehen vor einem Fahrkartenschalter, sagt der erste: »Ein Billett dritter Klasse nach Frankfurt.« Dann kommt der nächste, etwas vornehmer gekleidete Fahrgast,

der ebenfalls nach Frankfurt will, aber zweiter Klasse: »Dasselbe in Jrün.« Diese Szene druckte die humoristische deutsche Wochenschrift »Fliegende Blätter« 1903 ab. Und sie gilt als eine der Erklärungen für den Ausdruck, dass zwei Dinge fast gleich sind. Zu der Zeit hatten die steifen Pappkärtchen-Tickets je nach Wagenklasse unterschiedliche Farben: gelb für die erste, grün für die zweite, braun für die dritte und grau für die vierte Klasse.

»Ich stehe unter Dampf«

Wer gestresst ist oder begierig, loszulegen, der steht unter Druck – wie der Kessel einer Dampflokomotive. Mit Kohle oder Öl angeheizt, entsteht dort Wasserdampf, der Treibstangen, Räder und damit die Lok in Bewegung setzt. Bei zu hohem Druck im Kessel wird »Dampf abgelassen« – im übertragenen Sinne: dem Ärger Luft gemacht.

»Es ist allerhöchste Eisenbahn«

Der Berliner Satiriker und Autor Adolf Glaßbrenner ist der Schöpfer dieses Ausdrucks, der Dringlichkeit verkündet. Er verfasste 1847 ein Theaterstück namens »Ein Heiratsantrag in der Niederwallstraße«, in dem ein zerstreuter Postbote fortwährend Wörter durcheinanderbringt. Etwa in dem Satz: »Es ist die allerhöchste Eisenbahn, die Zeit is schon vor drei Stunden anjekommen.«

Notbremse
ZUG HÄLT TROTZDEM NICHT IN WOLFSBURG!
H&B

Kapitel 2

Bahner mit Humor: **»Meine Dame, ich bin der Karnevalsprinz!«**

»Hallo Mädels!« Diese unkonventionelle Begrüßung entdeckten Bahnfahrer vor wenigen Jahren auf den Displays von Nahverkehrszügen in Baden-Württemberg. »Wo du wolle? Fahre Memphis!« konnten sie ebenfalls als Fahrtziel lesen, ein Zitat aus der SWR3-Kultsendung »Taxi Sharia«. Beides war beileibe kein Bug im Anzeigesystem, sondern fest in die Software programmiert. Die Sprüche konnten allerdings nur durch einen Zahlencode am Bahncomputer freigeschaltet werden und waren für Sonderfahrten und Fototermine gedacht. Wer sie aber im Normalbetrieb aktiviert hatte, ob es Lokführer oder Hacker waren – das konnte bis heute nicht geklärt werden. Die Deutsche Bahn hat vergeblich versucht, den Spaßvogel ausfindig zu machen. Ihr blieb nur übrig, alle Bordcomputer mit neuer Software zu aktualisieren. Schade eigentlich. Denn angesichts des sonst üblichen Ansagekauderwelschs in Bahnen und Bahnhöfen wäre solch humorvolle Abwechslung öfter mal willkommen.

So hatten zum Beispiel auch die Passagiere ihren Spaß, die sich im Februar 2011 ihre Wartezeit auf dem Hauptbahnhof Münster vertreiben mussten. »Bine, ich bin froh, Dich an meiner Seite zu haben«, tauchte unvermittelt auf der digitalen

Anzeigetafel in der Bahnhofshalle auf. »Du bereicherst mein Leben!«, stand dort und: »Ich freue mich auf eine gemeinsame Zukunft mit Dir. Ich liebe Dich!!! Dein Bernd.« Diese romantische Liebeserklärung hat »Bine« nach der Einfahrt ihres Zuges empfangen. Ihr verknallter Freund konnte zuvor eine weichherzige Bahnmitarbeiterin überreden, seinen Schwur auf der Anzeigetafel aufleuchten zu lassen.

So ganz humorbefreit, wie man manchmal annehmen möchte, ist das Bahnpersonal also nicht. Wie auch Zugbegleiter, Zugchefinnen und Lokführer für Erheiterung ihrer Kunden gesorgt haben, erzählen die folgenden Anekdoten.

In einem Regionalzug der Nord-Ostsee-Bahn nach Itzehoe kam die Durchsage des Lokführers: »Sehr geehrte Fahrgäste, wenn Ihnen die Zugfahrt gefallen hat, befindet sich der Ausstieg in Fahrtrichtung links. Wenn nicht, in Fahrtrichtung rechts! Vielen Dank!«

Patricia Harders, Hannover

Nach der üblichen Begrüßung ging eine Durchsage im RE von Hannover nach Bremen folgendermaßen weiter: »Darüber hinaus begrüßt Sie noch der Bordservice. Dort können Sie Snacks und Getränke in Anspruch nehmen. Wir hätten da beispielsweise: Haribo macht Kinder froh, Red Bull verleiht

Flügel, Coca Cola enjoy your life, Fanta grüßt alle Flaschen, Snickers und der Hunger ist gegessen!« Er redete noch weiter und zählte wirklich sämtliche Produkte mit Slogan auf. Die Passagiere kringelten sich vor Lachen.

Muhammet Yanik, Bremen

Ein Schaffner verabschiedete sich bei der Einfahrt in München mit der Durchsage: »Wir erreichen soeben das rote Herz des tiefschwarzen Kontinents. Bitte lassen Sie weder Taschen noch Ehemänner zurück, Letztere sind immer so schwer zu vermitteln.«

Sophia Johler, Zürich

Eine Fahrt von Hamburg nach Lübeck. Der Zugbegleiter teilte uns über den Lautsprecher mit, dass wir bald in Lübeck seien und welche Zuganschlüsse wir hätten. Nach einer kleinen Pause fügte er noch hinzu: »Ach, übrigens, Schönheitsoperationen sind auch keine Lösung.«

Karsten Schulz, Berlin

Vor einigen Jahren am 31. Dezember im ICE kurz vor dem Zielort München: »Und jetzt die gute Nachricht. Unser Lokführer macht heute seine letzte Fahrt.« Ganz schön gemein, denn er hatte gar nichts falsch gemacht. Er sollte mit diesen netten Worten nur in den Ruhestand verabschiedet werden.

Dorothea Marx, Sondershausen

»Im Bahnhof x Ausstieg links« oder »in Stadt y Ausstieg rechts«, so kennt man die Standarddurchsagen. Im Regional-

express bei der Einfahrt in den Essener Hauptbahnhof wich ein gutgelaunter Schaffner einmal davon ab: »In Essen befindet sich der Ausstieg an den Türen!«

Jörg Weingarten, Essen

BAHN-ABC:
Call a Bike

C

Paradebeispiel eines Angebots der Bahn, das auf Deutsch ziemlich seltsam klingen würde: Ruf ein Rad. Zu dieser Kategorie zählen auch »Park und Fahr« (Park & Ride), »Bahnkarte« (Bahncard), »Zwischenstadt« (Intercity), »SeiBeweglichkeit« (BeMobility, ein Elektroauto-Service in Berlin), »StadtNachtLinie« (CityNightLine, siehe → Nachtzug) und »Berühren & Reisen« (Touch & Travel, Ticket-App für Smartphones).

»Meine Damen und Herren, in Kürze erreichen wir Bremen Hauptbahnhof. Das Bordservice-Team, die Deutsche Bahn, meine Kolleginnen und ich wünschen Ihnen eine angenehme und stressfreie Weiterreise. Achten Sie auf die örtlichen Lautsprecheransagen und seien Sie vorsichtig! Überall lauern Taschendiebe! Für diejenigen, die zum ersten Mal in Bremen sind, kann ich Ihnen die Kneipe ›Schüttinger‹ nur empfehlen! Ich wünsche Ihnen einen schönen Tag!«

Muhammet Yanik, Bremen

Im Intercity von Stuttgart nach Mannheim, eine unspektakuläre Zugfahrt bei herrlichem Wetter. Einige Passagiere hatten sich beim Bahnpersonal über die circa 15-minütige Verspätung beschwert. Ungefähr auf halber Strecke war eine zufrieden klingende Durchsage des Zugführers zu hören: »Sehr geehrte Damen und Herren. Wenn Sie in Fahrtrichtung rechts aus dem Fenster blicken, sehen Sie die Alternative zum Reisen mit der Deutschen Bahn.« Verschlafen blickte ich aus dem Fenster und sah … einen riesigen Stau auf der Autobahn, so weit das Auge reichte.

Yaschar Kabiri, Mannheim

Durchsage im ICE von Frankfurt nach Amsterdam: »Aus gegebenem Anlass müssen wir Ihnen mitteilen, dass unsere Toiletten *nicht* paarungsgeeignet sind. Wir bitten Sie, dies zu berücksichtigen.«

Fabian Brüggemann, Düsseldorf

Auf der Fahrt von München nach Berlin sagte der Lokführer: »Könnten die Kollegen der Saft- und Brötchen-Abteilung bitte mal nach ganz vorne kommen? Meine Frau hat vergessen, mir etwas einzupacken, und ich habe Hunger! Danke.« Das ganze Abteil lag am Boden vor Lachen!

Alexander Pat, Berlin

Ich saß abends um 23 Uhr in einem »Partyzug« von Hamm nach Münster, er fuhr mit einem spürbaren Ruckeln an. Bei den Fahrgästen sorgte das für ungläubige Blicke und einiges Gelächter, weil der Zug für einige Zeit im Hoppelmodus unterwegs

war. Irgendwann folgte die Durchsage des Lokführers: »Verehrte Bahnreisende, bitte entschuldigen Sie den merkwürdigen Fahrstil, ich versuche, einige Jugendliche abzuschütteln!«

Karsten Berlin, Münster

Am letzten Samstag des Oktoberfestes, morgens um sieben im Zug zwischen Ulm und München. Als ich in Augsburg einstieg, hätten die Waggons nicht voller sein können, die Luft roch stark nach Alkohol. Diese Durchsage des Personals löste größte Erheiterung aus: »Rauchen ist im Zug leider verboten, trinken können Sie, so viel Sie wollen – genießen Sie das Leben in vollen Zügen!«

Brigitte Hoernle, Augsburg

Durchsage in einem Regionalexpress: »Moin, Moin! Ist zufällig ein Polizist oder ein Soldat in diesem Zug anwesend? Ich würde Sie dringend bitten, nach ganz vorne zu kommen. Und vergessen Sie Ihre Dienstwaffe nicht, es ist wichtig!« Alle Passagiere schauen sich verdutzt an. Fünf Minuten später dann: »Ich kann Sie beruhigen, meine Damen und Herren, es ist nichts passiert. Mein Kollege hat dank meiner Durchsage vorhin lediglich eine Wette verloren und muss jetzt meine Schicht übernehmen. Schönen Tag noch!«

Muhammet Yanik, Bremen

An Karneval fuhr ich abends mit dem ICE von Frankfurt nach Köln. Kurz vor dem Ziel ertönte folgende lokalpatriotische Ansage im besten Kölsch: »Meine lieben Fahrgäste, in wenigen Minuten haben wir Einfahrt in Köln Hauptbahnhof. Köln ist

die Hauptstadt des Frohsinns und Zentrum des rheinländischen Karnevals. Wir begrüßen alle Gäste im schönen Kölle und wünschen eine lustige Zeit. Fahrgäste mit dem Reiseziel … (längere Sprechpause von fünf Sekunden) … *Düsseldorf* können ihre Reise von Gleis 3 fortsetzen – wenn's wirklich sein muss.« Das hat selbst bei den seriösesten und schweigsamsten Businessreisenden größte Erheiterung ausgelöst.

Magnus Thurn, Hürth

Nach einem Stopp auf offener Strecke sieht man einen Lokführer mit ratloser Miene neben dem Zug auf den Gleisen hin und her gehen. Darauf die nicht sehr beruhigende, aber durchaus erheiternde Durchsage: »Bitte entschuldigen Sie den außerplanmäßigen Halt, der Lokführer hat eine Störung!« Wir haben es alle geglaubt!

Christiane Hirsch, Wiesbaden

Ich bin Berufspendler und fahre seit drei Jahren jeden Tag aus dem schönen Hamburg nach Hannover und zurück. An einem Freitagabend, kurz vor Hamburg gegen null Uhr, kam über den Lautsprecher die Information, dass wir nun in Kürze den Hauptbahnhof erreichen würden. Doch diese Ansage endete nicht mit dem klassischen »Sänk ju for träweling«, sondern mit der erstklassig in reinstem Hamburgisch vorgetragenen ersten Strophe von Heidi Kabels »In Hamburch sacht man tschüs«. Die wenigen Gäste im Abteil quittierten die Gesangseinlage des Zugchefs mit Applaus. Wären doch bloß mehr Mitarbeiter der Bahn so spontan und witzig!

Avelino Rodriguez Gallegos, Hamburg

Es war vor etwa zehn Jahren bei einer Fahrt im ICE von München nach Stuttgart, am Samstag vor dem vierten Advent, abends gegen 22 Uhr. Kurz hinter Ulm – es war noch viel zu früh für die Ansage, dass der Zug bald Stuttgart erreicht – meldete sich plötzlich der Zugchef über die Lautsprecher. Und las seinen wenigen Gästen ein Weihnachtsgedicht vor, das Gedicht von dem Tannenbäumchen, das so gerne Blätter gehabt hätte. Immer wenn Geschichten von unfreundlichem Zugpersonal, von unverständlichen Ausfällen, kaputten Automaten und anderen Unzulänglichkeiten erzählt werden, schildern wir dieses Erlebnis, für das wir dem damaligen Zugchef heute noch dankbar sind.

Siegfried Haag, Sachsenheim

BAHN-ABC:
DB Bahn

D

Kurzform für Deutsche Bahn Bahn. So nennt sich die Personenverkehrsabteilung des Konzerns unter anderem auf Twitter und Facebook. Hat sich zum Glück nicht im allgemeinen Sprachgebrauch durchgesetzt.

Mein Bruder ist Lokführer, hat einen großartigen Sinn für Humor und vertreibt sich auf vielen einsamen Schichten damit die Zeit. Zum Beispiel so: Manchmal muss er außerplanmäßig auf dem Bahnhof kleinerer Ortschaften anhalten. Er öffnet

dann das Fenster oder die Tür und fragt wartende Leute auf dem Bahnsteig: »Entschuldigen Sie, aber ich glaube, ich habe mich verfahren – wo geht es denn hier nach München?« Er schwört Stein und Bein, dass die Menschen ihm meistens sehr hilfsbereit die Richtung erklären!

Heike Vogt, London, Großbritannien

»Meine sehr verehrten Damen und Herren, leider muss ich Ihnen mitteilen, dass der Kollege, der heute die Fahrkartenkontrolle machen sollte, kurzfristig abgesprungen ist. Ich weiß, das stört Sie nicht im Geringsten. Eigentlich wollte ich Sie daher nur bitten, nicht alle Bekannten und Freunde anzurufen – sonst ist unser Zug schnell überlastet.«

Muhammet Yanik, Bremen

Auf einer ICE-Fahrt von Bielefeld nach Bonn an einem Sonntagabend wurde ich kurz vor dem Erreichen des Zieles Zeuge folgender großartiger Durchsage »Sehr geehrte Damen und Herren, zur völligen Überraschung des Zugchefs und des gesamten Zugteams erreichen wir unseren Zielbahnhof Bonn heute voraussichtlich sieben Minuten zu früh. Wir entschuldigen uns für die unnötige Hektik!«

Marc Müllner, Bonn

Einfahrt mit dem Regionalexpress um 7 Uhr in den Bahnhof Nürnberg. Statt der obligatorisch gelangweilten Durchsage des Zugbegleiters kam das Lied »Guten Morgen, Sonnenschein« von Nana Mouskouri aus dem Lautsprecher. Danach meldete sich ein überschwänglicher Schaffner: »So, und jetzt aufste-

hen. Es wartet ein wunderschöner Tag auf Sie, genießen Sie ihn!« Das war eine willkommene Abwechslung.

Bernd Simmet

Im Intercity über Münster nach Hamburg meldete sich der Zugführer unterwegs mit dem Hinweis, dass in diesem Zug das Rauchen nicht erlaubt sei. Dann sagte er: »Das Rauchverbot gilt auch für den Gang vor den Abteilen. Sollte jemand an Bord sein, der die knapp zwei Stunden bis Hamburg nicht mehr ohne Zigarette aushält, so kann er gerne die kurzen Stopps oder die Dachterrasse benutzen. Sollte dennoch jemand meinen, weiterhin im Zug rauchen zu können, so ist es kein Problem, am nächsten Regionalbahnhof zu halten. Mit den Regionalzügen sind Sie wahrscheinlich bis Mitternacht in Hamburg und haben bei den zahlreichen Stopps reichlich Zeit zum Rauchen.«

Wolfgang Hamann, Bocholt

In einer Regionalbahn von Dresden nach Hof hatte ich es mit einem äußerst humorvollen Zugbegleiter zu tun. Der traditionell völlig überfüllte Zug hatte Plauen bereits verlassen und steuerte gerade Hof an, als folgende Durchsage in breitestem Bairisch ertönte: »Sehr geehrte Reisende, Sie verlassen jetzt die Bundesrepublik Deutschland. Herzlich willkommen in Bayern. Bitte halten Sie Pässe und Fahrkarten griffbereit.« Das folgende Gelächter machte die Enge bis zur Endstation etwas erträglicher.

Gregor B., Köln

Im Regionalzug »Metronom« von Hamburg nach Uelzen. Kurz vor Uelzen kommt die Durchsage des Zugchefs mit den Anschlussmöglichkeiten. Als diese beendet ist, hört man eine weitere Stimme: »Der Ausstieg befindet sich in Fahrtrichtung links.« Darauf der Zugchef: »Und das war unser Lokführer, der hat zu Hause nix zu sagen, also will er hier immer das letzte Wort haben.« »Genau.«

Carola Schmidt, Hannover

Im Regionalzug zwischen Hamburg und Lüneburg ertönen plötzlich rauschende, knackende Geräusche wie beim Funkverkehr aus den Bordlautsprechern. Der Lokführer meldet sich: »Hier noch eine kleine Durchsage aus dem Cockpit. Wir befinden uns im Landeanflug auf Winsen. Unsere Reisegeschwindigkeit beträgt 160 km/h, und wir hoffen, dass Sie sich an Bord des Metronom wohl fühlen. Wenn Sie links aus dem Fenster schauen, sehen Sie das Winsener Schloss, rechts sehen Sie das Gelände der Bundesgartenschau. Wir verringern nun unsere Reisegeschwindigkeit und beginnen mit der Anfahrt auf die Haltestelle Winsen. Allen aussteigenden Fahrgästen wünschen wir einen schönen Tag und sagen bye-bye.« Ich blickte sofort rechts und links aus dem Fenster, aber außer Bäumen an der Bahnstrecke war nichts von den angekündigten Sehenswürdigkeiten zu entdecken. Doch dann fiel mir ein: Das kann man natürlich nur sehen, wenn man mit dem Flugzeug unterwegs ist – so wie der Lokführer.

Steffen Persiel, Hamburg

Auf dem Weg von Hamburg nach Bremen im »Metronom« sagte der Zugführer: »Sehr geehrte Damen und Herren, zu Ihrer Rechten werden Sie gleich Zeuge eines seltenen Naturschauspiels: Wir werden einen ICE der Deutschen Bahn AG überholen!«

Henning Rüpke, Bremen

Eine Zugfahrt am Abend; es ist der Heimweg von der Arbeit und zudem Montag. Ein Kontrolleur läuft durch die Gänge und sagt mit lauter Stimme und freundlicher Mimik: »Werte Damen und Herren, ich bitte Sie – ich weiß, es ist spät nach Feierabend –, Ihre Fahrkarte herauszukramen.« Ich zeigte ihm keine Monatskarte wie die meisten anderen, sondern einen Einzelfahrschein. »Oh, das sieht man aber sehr selten, vielen Dank, der Herr!«, war seine Reaktion. Dann sagte er zu den anderen Passagieren: »Auch Ihre Fahrkarten werde ich sehen müssen.« Darauf ein weiblicher Gast: »Ach, Sie sind der Kontrolleur?« Seine Antwort: »Nein, meine Dame, ich bin der Karnevalsprinz und auf der Suche nach meiner Prinzessin!« Wir haben alle herzlich gelacht! Mein Dank an den Zugbegleiter, denn alle waren wieder munter und werden diese Fahrt nicht vergessen.

Christian Geppert, Spalt

Irgendwann im Dezember wollte ich in Northeim nach der Schule in den Zug einsteigen. Wie immer war ich natürlich zu faul, um ans Ende oder an den Anfang des Zuges zu gehen, andere Schüler dachten offensichtlich genauso. Das Einsteigen dauerte nun eine Weile, da sich alle an einer Tür drängelten.

Daraufhin der Schaffner: »Wir sind kein Adventskalender, hier dürft ihr mehrere Türen gleichzeitig öffnen!«

Arne Teschner, Ismaning

Ich saß im Intercity von Rostock nach Leipzig, als ich kurz hinter Schwerin die folgende Durchsage hörte: »An den Zugbegleiter: Bring mal 'nen Kaffee mit!«

Jana Haake

Auf der morgendlichen Fahrt zu meiner Fachhochschule in Köln war zwei Minuten vor Ankunft am Hauptbahnhof über Lautsprecher zu hören: »Achtung, Achtung, eine dringende Durchsage!« Alle Gespräche im Waggon verstummten, aber nichts geschah. Dann erneut: »Achtung, Achtung, eine dringende Durchsage!« Totale Ruhe im Zug. Man blickte sich nervös an, während der Zug weiter gen Hauptbahnhof rollte. Wieder eine Durchsage: »Achtung!« Nervöses Getuschel unter den Fahrgästen, auch ich war inzwischen angespannt. Der Zug hielt, und jetzt war zu hören: »Und wieder ist ein Zug der Deutschen Bahn pünktlich in Köln angekommen!« Der ganze Waggon war am Lachen.

Andreas Decker, Düsseldorf

Auf dem Weg im ICE von Köln nach Frankfurt auf der wunderschönen Rheinstrecke sah unser Schaffner nicht nur Rudi Völler verblüffend ähnlich, er war auch eine wahre rheinische Frohnatur. Kurz hinter Koblenz rauschte er in unser Großraumabteil mit der Frage: »Hier noch jemand zugestiegen? Und wenn ja, warum?« Und da behaupte noch mal

jemand, die Deutsche Bahn habe kein Interesse an ihren Fahrgästen!

Marion Müller-Klausch, Hamburg

Im Intercity von Köln nach Hamburg an einem Samstag im September 2010. »Um den Betriebsablauf nicht nachhaltig zu stören, bitten wir Sie, auf der rechten Seite auszusteigen«, sagte der Zugführer, und einige Zeit später: »Wir haben Bremen Hauptbahnhof drei Minuten früher erreicht als beabsichtigt. Auch das gibt es bei der Deutschen Bahn. Bitte denken Sie bei der nächsten Verspätung daran, dass die DB AG drei Minuten guthat.«

Kai-Uwe Henker, Köln

BAHN-ABC:
Echtbahn

E

In der Modellbahnszene benutzter Begriff, um bei Vergleichen real existierende Züge von ihren Nachbauten im Miniaturformat abzugrenzen.

Täglich pendelte ich von Markelsheim im Taubertal nach Crailsheim mit der Westfrankenbahn. Einmal hielt mein Zug kurz vor meinem Heimatbahnhof und blieb ein paar Minuten auf freier Strecke stehen. Als es mir zu lange dauerte, ging ich nach vorne. Da stieg der Lokführer gerade mit einer Tüte voller Nüsse wieder ein und sagte: »Jetzt fahre ich jeden Tag an

diesem vollen Nussbaum vorbei. Keiner pflückt die Dinger. Da habe ich jetzt nicht widerstehen können.« Sprach's und fuhr die paar hundert Meter bis nach Markelsheim weiter. Ich habe mich lediglich geärgert, dass ich seine Absicht nicht kannte. Ich hätte mir auch gerne ein paar Nüsse gepflückt!

Konrad Schneider, Markelsheim

Nachdem unser defekter Zug sich mit letzter Kraft in den Bahnhof Fürth geschleppt und alle Gäste in den regnerischen Tag entlassen hatte, kam nach 45 Minuten ein Ersatzzug. Auf den Displays in den Wagen, die ansonsten über Geschwindigkeit und Fahrkartenangebote informieren, wurden wir mit der Meldung begrüßt: »Aus die Maus.« Ich habe das zuerst für einen Scherz gehalten, der die kurze Zeit bis zur nächsten wichtigen Information überbrücken sollte. Nach einiger Zeit wurde mir jedoch klar, dass das Zynismus war, den ein verzweifelter Mitarbeiter nicht für sich behalten konnte.

Frank Weisel, Eichenau

Bei einer Fahrt am Faschingsdienstag 2007 von Würzburg nach Stuttgart hatte der Zugchef wohl Karnevalslaune. Waren die Ansagen anfangs noch deutlich zu verstehen, änderte sich das nach jedem Stopp. Nach Osterburken folgte einer kaum noch verständlichen Durchsage das erste »Helau«. Die Ansagen begann er nun nach jeder Station lauter und fröhlicher mit »Helau« und beendete sie nach einigen unverständlichen Sätzen mit einem erneuten »Helau«. Kurz vor Stuttgart bedankte sich der Zugchef für die Fahrt mit der »Deutschen Dampfbahn« und verabschiedete die Gäste mit einem kräftigen dreifachen

»Helau«. Das war die netteste Zugfahrt auf einer der schlimmsten Rumpelstrecken der Deutschen Bahn.

Burkhard Tuchert, Heidelberg

Eines Morgens begrüßte ein S-Bahn-Fahrer in München alle Mitreisenden mit diesen Worten: »Sehr geehrte Damen und Herren, herzlich willkommen an Bord dieser S5 von Ebersberg nach Herrsching. Nun zu den Sicherheitshinweisen: Im Falle eines Druckverlustes fallen automatisch Sauerstoffmasken aus der Decke über Ihnen. Im Falle einer Notwasserung befinden sich Schwimmwesten unter Ihren Sitzen. Vielen Dank für Ihre Aufmerksamkeit. Ich wünsche Ihnen eine schöne Fahrt mit uns.« Den genauen Wortlaut habe ich nicht mehr im Kopf, aber es war eine abgekürzte Version der typischen Flugzeug-Sicherheitsinstruktionen. Die Fahrgäste fanden das so früh am Morgen total witzig. Es wurde sogar geklatscht – wie in einem Ferienflieger.

Alexander Bogensperger, Ebersberg

April, April!

In der Hippiezeit der sechziger und siebziger Jahre zeigte der Pressedienst der Deutschen Bundesbahn noch Humor. Einmal im Jahr gab er eine Mitteilung heraus mit, nun ja, zweifelhaftem Inhalt. Hier die schönsten dieser Aprilscherze:

Pressemitteilung vom 17. März 1967

(Ein Foto zeigt zwei junge Frauen mit »Playboy«-Hasenohren und in enger Korsage hinter einer Theke. Davor steht ein Mann mit Fliege und Sherry-Glas, der einem Schaffner gerade sein Ticket zeigt.)

»Sensation im bundesrepublikanischen Schienenverkehr: Ab 1. April werden in den TEE-Zügen ›Helvetia‹ und ›Blauer Enzian‹ originalgetreue ›Bunnys‹ die Reisenden im Speisewagen und an der Bahn bedienen. Sollte sich dieser Versuch bewähren, besteht die Absicht, auch für andere Züge ›Bunnys‹ anzuwerben. Die Anregung für diesen neuen Service kam von der British Bunny Corporation, Sitz in London, die auf diese Weise ebenfalls einen Beitrag zum ›Internationalen Jahr des Tourismus‹ leisten will.«

Pressemitteilung vom 19. März 1969

(Ein Foto zeigt einen Lokführer im Führerstand, auf seinem Kopf ein Motorradhelm mit einer Art Fernsehantenne.)

»Anweisungen und Kommandos über den neuen Nachrichtensatelliten Intelsat III sollen bei der Bundesbahn an die

Stelle der seit Jahrzehnten üblichen ortsfesten Signale treten. Zum ersten Male fährt am 1. April 1969 ein über Intelsat II direkt gesteuerter Zug von Hamburg über Frankfurt (Main) nach Stuttgart. Der Lokomotivführer trägt zu diesem Zweck einen Kopfhelm, ähnlich dem der amerikanischen Astronauten. Lediglich eine aufmontierte Antenne war für die Zwecke der Bundesbahn zusätzlich notwendig.«

Pressemitteilung vom 20. März 1970

(Ein Foto zeigt zwei Männer in weißer Ganzkörperumhüllung vor einer Lokomotive und mit einer Art Geigerzähler in der Hand.)

»Mit besonderen Schutzanzügen ausgerüstet, unternehmen die Fachleute der Bundesbahn ihre letzten Messungen an der neuen mit Mondstaub-Energie betriebenen Lokomotive, die am 1. April 1970 von Kassel aus erstmals zu einer Fahrt durch das Bundesgebiet starten wird. Auf zahlreichen Bahnhöfen kann sie an diesem Tag während ihres Aufenthalts besichtigt werden.«

Pressemitteilung, ebenfalls vom 20. März 1970

(Ein Foto zeigt vier Frauen in Miniröcken und einen Mann mit Sonnenbrille, die sich um einen Briefkasten im Gang eines Zugwaggons drängeln.)

»Ein Herz für einsame Herzen hat jetzt die Bundesbahn entdeckt. Nachdem es fast 135 Jahre lang der Initiative mehr oder weniger schüchterner Fahrgäste überlassen war, Reisebekanntschaften anzuknüpfen, werden vom 1. April an in einer Reihe von Fernzügen der Bundesbahn gewünschte Verbindungen mit äußerster Diskretion hergestellt. In

jedem Wagen ist ein Rendezvous-Briefkasten angebracht, der nach jedem Bahnhof von einer Stewardeß geleert wird. Die Reisenden auf unserem Foto können ihre Neugierde kaum noch verbergen.«

Pressemitteilung vom 17. März 1972

(Ein Foto zeigt einen Schaffner mit Mütze, der seinen Kopf in ein Abteil steckt und ein gigantisches Ticket begutachtet. Gezeigt wird ihm das von einer nackten Frau, die auf den Polstern liegt, spärlich bedeckt von einer Handtasche.)

»›Oben ohne‹, aber auch ›ganz ohne‹ kann man jetzt mit der Bundesbahn zum FKK-Strand ›Abessinien‹ auf die Nordseeinsel Sylt fahren. Für die besonderen FKK-Abteile, die ab 1. April 1972 in mehreren Zügen eingerichtet werden, gibt es besonders große Fahrkarten, die das bekleidete Zugbegleitpersonal lesen kann, ohne sich dabei den FKK-Fahrgästen im Adams- oder Eva-Kostüm allzu sehr nähern zu müssen.«

Noch'n Bier?
Ja, ich muß noch Bahn fahren.
H&B

Kapitel 3

Kleine Bahnfahrer-Kunde: **Wer nervt denn da?**

Ein Bahnreisender ist selten allein. Und manchmal ziemlich genervt. Denn im Zug versammeln sich auf engstem Raum Mitmenschen mit erstaunlich vielfältigen Macken. Zehn Typen treten besonders häufig auf – zum Glück gibt es für (fast) jeden ein Gegenmittel.

Der Steckdosenbesetzer

Kaum hat er seinen Rollkoffer in der Ablage verstaut, reißt dieser Mitfahrer schon sein Notebook aus dem Handgepäck und sucht mit vor der Brust gehaltenem Stecker nach dem Stromanschluss. Pech für ihn, sollte der schon durch einen Sitznachbarn vergeben sein. Hat eine Verhandlung um abwechselndes Aufladen der Hightechgeräte keinen Erfolg, gibt er ein resigniertes Seufzen von sich, à la »Für die ersten drei Stunden wird der Akku wohl halten«. Mit hektischem Zweifingertippen klackert er unermüdlich auf der Tastatur herum. Bei erhöhtem Aufkommen in den Abendstunden verleiht dieser Bahnfahrertyp so jedem gemütlichen Großraum-Abteil ein stressiges Großraum-Büroflair. Er füllt öde Excel-Tabellen aus und stört sich nicht daran, dass sein mitlesender Sitznachbar ihn leicht an dem Briefkopf der Schriftstücke identifizieren kann. Da ist

das Display der zweiten Variante des Steckdosenbesetzers meist spannender: Dieser hat einen Kopfhörer aufgesetzt und eine DVD in seinen Laptop geschoben, die immerhin für bewegte, wenn auch tonlose Bilder sorgt.

Lieblingsaccessoire: USB-Stick

Gesprächsthema: der Mangel an Steckdosen in ICE

Gegenmaßnahme: die Geschäftsleute-Variante um ein Praktikum, die DVD-Variante um einen Ohrhörer bitten

Die Mitteilsame

Glaubt man, endlich ein ruhiges Plätzchen gefunden zu haben, macht dieses allzeit kommunikative Exemplar den Frieden zunichte. Die Mitteilsamen begreifen eine Bahnfahrt entweder als einmaliges Abenteuer, als Gelegenheit, interessante Menschen kennenzulernen, oder sie sind erfüllt von ihrer eigenen Lebens- und meist Leidensgeschichte. Neugierig fragen sie nach dem Flughafenzettel am Rucksack und sind beleidigt, wenn ihr Mitfahrer ihnen das Stichwort verweigert, um nonstop von ihren Urlauben der letzten 20 Jahre zu erzählen. Oder sie fangen unvermittelt an, von ihren Gebrechen, ihrem Ex oder ihrer Miniatureisenbahn zu erzählen, unbekümmert von der eisigen Stille, die ihnen entgegenschlägt. Manchmal treffen sie auch auf Gleichgesinnte. Dann ist zwar die unmittelbare Gefahr für die anderen Abteilgäste gebannt, sie müssen aber einen stundenlangen Dialog oder vielmehr zwei Monologe ertragen.

Lieblingsaccessoire: Fotos ihrer (Ex-)Liebsten/Röntgenbilder

Gesprächsthema: von A wie Arthrose bis Z wie Zypernurlaub

Gegenmaßnahme: gleich klarstellen, dass Sie Ihr Hörgerät vergessen haben

Der Allesesser

Frisch gekochte Eier, Fast Food mit Knobi-Duft, Mettbrötchen oder Chips aus der 500-Gramm-Tüte: Erbarmungslos teilt sich dieser Bahnfahrer über Futtergerüche und -geräusche mit. Hingebungsvoll breitet er den Inhalt von Tupper-Dose und Plastiktüte auf dem Großraumtisch aus, ohne Rücksicht auf empfindlichere Sinne denn die seinen. Wenn er sich durch seine Speisen durchgeknuspert, -geraschelt und -geschmatzt hat, stopft er die Reste in den Tischmülleimer. Schon übervoll, schließt dieser sich kaum mehr, und sein Inhalt müffelt weiter vor sich hin. Wer zu diesem Zeitpunkt hofft, vor weiteren Stinkattacken sicher zu sein, wird regelmäßig gelinkt: Normalerweise hat der Allesesser einen nicht enden wollenden Vorrat an Lebensmitteln dabei und zerrt sogleich eine neue Köstlichkeit aus den Plastiktüten zu seinen Füßen.

Lieblingsaccessoire: Salz und Pfeffer

Gesprächsthema: »Oh, das hält sich auch ohne Kühlschrank so lange frisch?«

Gegenmaßnahme: Immer einen Duft-Tannenbaum dabeihaben und deutlich sichtbar auf den Tisch legen

Der Bahnverächter

Dieser meist in Businesskluft gekleidete Mitfahrer wäre gerade wohl lieber in einem teuren Sportwagen oder im Flugzeug unterwegs – doch nun muss er sich wutschnaubend mit seinem Schicksal als Bahnpassagier arrangieren. Sollte ihm von der Reisestelle seines Unternehmens ein Zugticket statt der Mercedes-S-Klasse verordnet worden sein? Vielleicht musste er aber auch seinen Führerschein nach Flensburg abgeben. Auf jeden Fall nimmt er für die Degradierung Rache an seinen Mitreisenden: Unter dem Tisch machen seine blankpolierten Schuhe nicht einen Millimeter Platz, seine Ellenbogen arbeiten sich rücksichtslos auf der Lehne vor. Und mit seinem Notebook der neuesten Generation und seinem Arsenal an Smartphones verwandelt er den Tisch in sein Büro. Wer protestiert, der wird aggressiv angefahren. Grundsätzlich lehnt er es auch ab, beim Kofferverstauen zu helfen – könnte ja eine VW-Polo-Fahrerin sein, die er normalerweise mit seinem schnittigen Firmengefährt von der linken Autobahnspur weghupt.

Lieblingsgepäckstück: der protzigste Aktenkoffer, der für Geld zu haben ist
Gesprächsthema: feindliche Übernahmen
Gegenmaßnahme: aus Versehen mit dreckigen Wanderstiefeln seine Lackschuhe streifen

Die Dauerquasslerin

»Schlag ihm eine Provision von zehn Prozent vor!«, »Ohne Intimrasur geht ja gar nicht!«, »Schätzelchen, das verletzt mich

nun aber, hab ich gesagt; da hat er gesagt ...« Die Dauerquasslerin teilt ihren Mitreisenden mehr aus ihrem Leben mit, als irgendjemand wissen will, und ruft quälendes Fremdschämen hervor. Falls sie Geschäftsfrau ist, macht sie auch gerne mal einen Mitarbeiter lautstark zur Schnecke, falls Schülerin, ist ihr Redefluss von einer Menge »Alta!« und »Ischwör!« durchsetzt. Wenn die Nonstop-Rednerin in ein Funkloch fällt, drückt sie verzweifelt auf den Tasten ihres Telefons herum. Hat das nicht den gewünschten Erfolg, schaut sie sich panisch um, ob sonst jemand etwa noch Empfang hat, oder starrt blicklos aus dem Fenster – bis sie wieder hektisch ihr Handy bearbeitet. Beim Aussteigen gerät sie in Schwierigkeiten: Wie trägt man Koffer, Aktenkoffer beziehungsweise Handtasche und hält gleichzeitig das Handy Richtung Ohr?

Lieblingsgepäckstück: eine überquellende Handtasche

Gesprächsthema: keins (weil keine Atempause) oder »Ich kenne da einen prima Therapeuten«

Gegenmaßnahme: ins Handygespräch einschalten

Die Familien-Mafia

Eine untereinander verwandte und verschwägerte Sippe, die das Großraumabteil zu ihrem Wohnzimmer macht. Mit Kopfhörern im Ohr verständigen Jugendliche sich brüllend mit Eltern und Geschwistern, lautstark kommentiert der Steppke seine Kritzeleien, und das Piepsen und Ballern aus den Spielkonsolen nagt an den Nerven der Mitfahrer. Diese – falls kinderlos – preisen innerlich umso mehr ihre momentanen Le-

bensverhältnisse. Denn zudem purzeln Monopoly-Häuser und Kekskrümel in die fremde Handtasche, Saft und Cola kippen über Schöße. Wenn Spiele und Musik die Kleinen nicht mehr auf den Sitzen halten, zupfen und zerren sie an nicht verwandten Sitznachbarn, kullern und poltern durch die Gänge. Ungestört von dem Tumult, lästern die älteren Familien-Mafia-Angehörigen über Schwestern, Schwäger – und das kinderfeindliche Deutschland.

Lieblingsgepäckstück: eine Riesentasche mit Unterhaltungsmaterialien
Gesprächsthema: die grimmig guckenden Mitfahrer – wohl alles traurige Kinderlose!
Gegenmaßnahme: Ohrstöpsel – oder einfach »Bob der Baumeister« vorlesen

Der Querulant

Gefühlt verläuft kaum eine Bahnfahrt ohne Panne – dankbares Futter für dieses Exemplar. Es schnauft verächtlich, wenn eine Verspätung von zwei Minuten angesagt wird, und bei zehn Minuten Verzögerung schießt ihm das Blut in den Kopf. »Scheiß-Bahn« und »Da hätte ich doch lieber das Auto nehmen sollen!« sind seine häufigsten Lautäußerungen, und zunehmende Verzögerungen verfolgt er auf seiner Smartphone-Bahn-App. Dem Schaffner, der geknickt und sich entschuldigend des Weges kommt, würgt er rein: »Auf den letzten 47 Bahnfahrten habe ich schon 1355 Minuten Lebenszeit vergeudet!« Dann beginnt er eine ermüdende Diskussion über Unfähigkeit und Entschädigungen und blickt nach Zustim-

mung heischend um sich. Eine Entschädigung wünschten sich aber auch die Mitfahrer, weil sie den Querulanten wegen der Verspätung noch länger ertragen müssen.

Lieblingsaccessoire: Armbanduhr

Gesprächsthema: der Trainingseffekt von Verspätungen für die innere Gelassenheit

Gegenmaßnahme: schon vor der Fahrt eine Atemmeditation auf den MP3-Player laden

Das Gruppentier

Dieses Exemplar tritt meist in Regionalzügen und in streng nach Geschlechtern getrennten Rudeln auf, die entweder ihren Fußballvereinen hinterherreisen oder ihre Damenkegelclub-Erfolge feiern. Männer wie Frauen sind dabei froh, endlich mal ohne ihren Partner unterwegs sein zu können, und »lassen so richtig die Sau raus«. Verbunden ist das mit reichlich Gegröle beziehungsweise Gekreische, dabei lassen sie sich weder von genervten Gesichtern ihrer Mitfahrer (»Haben Sie sich doch nicht so!«) noch von den hilflosen Protesten des Schaffners (»Sie sind aber humorlos!«) irritieren. Es werden Zoten gerissen, die daheim tabu wären, und durchgängig Bier beziehungsweise »Piccolöchen« konsumiert. »Ach, was haben wir uns amüsiert«, freuen sich die Gruppentiere nach ihrer Fahrt, »Gott sei Dank steigen die aus«, atmen die Mitfahrer auf.

Lieblingsgepäckstück: Bierkiste beziehungsweise Sektflaschen und die praktischen Plastikkelche zum Zusammenschrauben
Gesprächsthema: die jüngste Schmach von St. Pauli, Borussia, Werder und die Affäre von Tante Chantal
Gegenmaßnahme: mittrinken – eine Flasche oder ein Sektglas wird doch wohl noch übrig sein

Der Bahn-Comfort-Bucher

Ausgebuffter geht es nicht – diese Variante kennt alle Tricks des Bahnfahrens. Mit vorgehaltener Sitzreservierung bedauert er es vorgeblich, dass er seinen Mitfahrer vom Bahn. Bonus-Comfort-Sitz vertreiben muss. Als Vielfahrer spielt er dieses Privileg quasi schon seit Einführung des Services aus. Keine Tarifwinzigkeit, kein Sonderangebot entgeht ihm. Er weiß auch sekundengenau und ohne aus dem Fenster zu schauen, wann er sich vor seinem Reiseziel aus dem Sitz erheben muss, um als Erster an der Tür zu sein. Den Kaffee der Am-Platz-Bedienung weist er empört von sich, er hat sich daran schon mal den Magen verdorben. Zum Klimaanlagen-, Winter- und Weichenchaos der Bahn könnte er endlose Anekdoten erzählen. Die gutwillige Variante dieses Bahn-Besserwissers klärt seine unbedarfteren Mitfahrer über jegliche Zugverbindung bis zu ihrem Reiseziel auf.

Lieblingsaccessoire: Smartphone mit Bahn-App
Gesprächsthema: seine Interrail-Tour vor 32 Jahren
Gegenmaßnahme: über den eigenen angeblichen Senator-Vielfliegerstatus schwadronieren

Die Versunkene

Vergraben in ihrem 500-Seiten-Schmöker, bildet diese Bahnfahrerin die Kulisse für die aktiveren Artgenossen. Nichts und kaum etwas kann sie aus ihrer Faszination an dem »Biss«-Vampirroman (oder Terry-Pratchett-Schmöker bei den selteneren männlichen Varianten) reißen – keine Bahnverspätung, kein Personenunfall, keine Gruppentiere. Störungen bewirken höchstens ein verträumtes Hochsehen zur groben Orientierung und eine leichte Drehung des Oberkörpers weg von der Lärmquelle. Sollte sie bei einem eventuellen Bahnchaos auf einem abgelegenen Bahnhof stranden, ist die Gefahr groß, dass sie dies kaum bemerkt. Manchmal jedoch erschreckt sie ihre Mitfahrer, wenn sie unvermittelt zusammenzuckt, »Mistmistmist« schreit, ihre Utensilien zusammenrafft und zur Tür stürzt – meist hat sie dann schon ihr Ziel verpasst.

Lieblingsaccessoire: Buch

Gesprächsthema: Jeder Versuch zum Smalltalk ruft nur ein abwesendes »Hmm« hervor

Gegenmaßnahme: nicht nötig

Deutsch – Bahn, Bahn – Deutsch

Wie heißt …

… das elektronische Kontrollgerät der Zugbegleiter, das Tickets scannen und ausdrucken kann?

Mobiles Terminal (MT)

… das akustische Signal des Zugbegleiters, das eine baldige Abfahrt ankündigt?

Achtungspfiff

… die Stelle, die den idealen Trefferpunkt des Nothammers markiert?

Roter Punkt an den Einschlag-Notausstiegfenstern

… der Rot- und der Weißton, der bei der ICE-Außenlackierung verwendet wird?

Verkehrsrot und Lichtgrau

… der ziehharmonikaförmige Kunststoff an den Übergängen zwischen zwei Waggons?

Faltenbalg

… der Check des Lokführers vor der Abfahrt, dass keiner mehr zu- oder aussteigen will?

Serviceblick

… die Information außen am Waggon, die Zwischenhalte und Zugnamen anzeigt?

Zuglaufschild

UND WENN DEIN MANN FRÜHER HEIMKOMMT?
Haha, der ist Zugbegleiter bei der Bahn!
H&B

Kapitel 4

Verwirrt, verirrt, verspätet: **»Wir wissen leider selber nicht, wo wir sind«**

Schon auf wenige Minuten Verspätung reagiert der Passagier von heute gereizt, bei über einer Stunde Verzögerung fordert er ein Viertel des Fahrpreises zurück. Solche Probleme hatte der Reisende Anfang des 19. Jahrhunderts nicht – weder Smartphone noch Globalisierung machten sein Leben hektisch. Ganz im Gegenteil: Ihn begeisterte die ungeheure Geschwindigkeit der in Deutschland gerade eingeführten Eisenbahn von 35 km/h – galt doch bis 1835 die Postkutsche mit ihren höchstens 12 km/h als schnellstes Fortbewegungsmittel. Der Aufbruch ins Bahnzeitalter rief zwar Euphorie hervor, weil er bisher ungeahnte wirtschaftliche Möglichkeiten verhieß. Zunächst wirbelte er aber auch die Begriffe von Zeit und Raum durcheinander: »Welche Veränderungen müssen jetzt eintreten in unsrer Anschauungsweise und in unsern Vorstellungen«, schrieb Heinrich Heine 1843 im französischen Exil. Durch die Eisenbahn werde der Raum getötet, »es bleibt uns nur noch die Zeit übrig«. Dem deutschen Dichter war, »als kämen die Berge und Wälder aller Länder auf Paris angerückt. Ich rieche schon den Duft der deutschen Linde; vor meiner Türe brandet die Nordsee«. Die neue Geschwindigkeit brachte

die ersten Bahner in Erklärungsnöte – wie sich an den damaligen Fahrplänen ablesen lässt. Eine »Eisenbahn Karte« von 1848 gab als Entfernung zwischen Berlin und Hannover 82 Stunden an, zwischen Altona und Kiel betrug sie 28 Stunden und von Köln nach Ostende 90 Stunden. Doch mit Fahrzeit hatten diese Angaben nichts zu tun – wie damals üblich, war die Wegstrecke in Gehzeit angegeben. Als eine »Stunde« galt noch jene Entfernung, die ein normal schneller Wanderer in einer Zeitstunde zurücklegen konnte, also vier bis fünf Kilometer. Die Karte gab Hilfestellung für die Umrechnung: »8 Stunden Entfernung sind im Durchschnitt einer Stunde Fahrzeit zu vergleichen.«

Solche Verwirrungen sind heutzutage längst passé. Würde man Heinrich Heine in einen ICE beamen können, er wäre von Berlin aus in einer Stunde und 39 Minuten in Hannover. Von Köln bis ins belgische Ostende an der Nordsee brauchte er kaum mehr als dreieinhalb Stunden. Würde es aber mal länger dauern – vielleicht würde auch Heine ein Fahrgastrechte-Formular der Deutschen Bahn ausfüllen und sich über die verlorene Zeit beschweren.

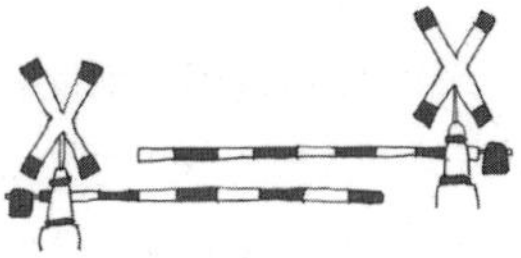

Vor einiger Zeit fuhr ich mit dem ICE von Stuttgart nach Hamburg, als der Zug kurz hinter Mannheim stehen blieb. Der Zugführer sagte, dass wir jetzt auf Sicht im Schritttempo an einer

Gefahrenstelle vorbeifahren würden. Und wenig später: »Liebe Reisende, links von Ihnen sehen Sie jetzt den liegengebliebenen ICE, der schuld an unserer Verspätung ist. Böser ICE!«

Martina Boll, Stuttgart

Auf der Fahrt von Hannover Richtung München vergaß der Lokführer des ICE einfach mal, im Bahnhof Göttingen zu halten. Kurz darauf kam der Schaffner durch das Großraumabteil und fragte laut: »Noch jemand in Göttingen zugestiegen?«

Olaf Eisenberg, Wehretal

In der Nacht auf dem Weg von Bielefeld zum Flughafen Köln/Bonn: Kurz hinter Köln Hauptbahnhof hielt der ICE auf freier Strecke, dann rannte ein Bahnmitarbeiter aufgeregt durch den Zug. Schließlich kam die verblüffende Durchsage: »Der ICE hat sich verfahren.« Ob es an der Dunkelheit lag? Erst fuhr er ein paar Minuten rückwärts, dann wieder vorwärts. Mit eineinhalbstündiger Verspätung kam er am Flughafen-Bahnhof an. Der Zugbegleiter wollte sich vor Lachen ausschütten. Meinen Flieger habe ich aber noch erreicht.

Peter Allgöwer, Bielefeld

Eines Morgens im verspäteten Regionalexpress von Treysa nach Frankfurt sagte die Zugbegleiterin: »Der Zug hat zurzeit eine Verspätung von circa zwölf Minuten, da der Zugführer verspätet eingetroffen ist.« Keine Minute später folgende Lautsprecherdurchsage: »Hier spricht der Zugführer. Ich glaube, ich muss da mal was geraderücken. Um 5 Uhr heute Morgen bin ich mit dem Taxi von Frankfurt nach Treysa gefahren, um

diesen Zug von einem plötzlich erkrankten Kollegen zu übernehmen. Schneller ging es nicht. An mir liegt es also nicht.« Daraufhin war laut die Stimme der Zugbegleiterin im Flur zu hören: »So war das doch gar nicht gemeint!«

Albrecht Schlottner, Marburg

BAHN-ABC:
Fahrtrichtung rechts

F

Hier befindet sich häufig der → Ausstieg. Da die Zugtüren nicht deutlich sichtbar mit den Worten »rechts« und »links« gekennzeichnet sind, hält die Bahn deutsche Passagiere für blöd genug, die Information nicht ohne das Wort »Fahrtrichtung« zu verstehen. Ausländern dagegen traut man mehr Intelligenz zu, auf Englisch lautet die Durchsage: »Please exit on the right-hand side.«

Auf einer Zugfahrt von Frankfurt nach Hamburg sagte der Schaffner: »Sehr geehrte Damen und Herren, abweichend von unserem Fahrplan werden wir Hamburg voraussichtlich zwanzig Minuten früher erreichen. Bitte informieren Sie Ihre Angehörigen darüber.« Da kam Angst auf.

Ilja Pavkovic, Berlin

Ansage im – normalerweise verspäteten – RE 1 von Hamm nach Aachen: »Sehr geehrte Damen und Herren, wir erreichen

in wenigen Minuten unseren Zielbahnhof Aachen Hauptbahnhof. Ich darf Sie darauf aufmerksam machen, dass wir pünktlich sind. Wenn Sie wollen, können Sie applaudieren.«

Christoph Lenssen, Aachen

Durchsage des Lokführers in der S-Bahn (mit kölschem Akzent): »Dat iss jetz peinlisch. Dat iss mir auch noch nie passiert. Aber isch bin jrad an Lövenich (S-Bahn-Haltepunkt) vorbeijefahren.«

Arnd Tüffers, Mettmann

Beim Einfahren in den Stuttgarter Hauptbahnhof hatte mein Zug über eine Stunde Verspätung. Es war früher Abend, und die meisten Passagiere waren müde Pendler, die nach Hause wollten. Der Zugbegleiter wollte gerade ansetzen, wie üblich die Verbindungen in Stuttgart durchzusagen, als er tief durchatmete, sein Hochdeutsch vergaß und meinte: »Also, Ihre Oaschlussziag, wisset se was, die kennet se älle vergessa!« Das war wunderbar wohltuend und ehrlich!

Jochen Weber, São Paulo, Brasilien

An einem Freitagnachmittag – die Leute starteten alle freudig ins Wochenende – stoppte der ICE kurz nach der Ausfahrt aus dem Frankfurter Bahnhof. Das Bahnpersonal informierte die Fahrgäste: »Eine Frau befindet sich direkt vor unserem Zug und will nicht aus dem Weg gehen. Die Bundespolizei ist informiert.« Nach einer Stunde ging es endlich weiter, und der Schaffner sagte durch: »Wer jetzt die Frau sehen möchte, muss aus dem Fenster auf der linken Seite sehen. Sie ist jetzt auf

Wagenhöhe Nummer 5 … Nummer 6 …« Und so weiter. Die Passagiere lachten. Zur Belohnung gab es für alle noch im Bordbistro ein Getränk auf Kosten der Bahn. Geht doch!

Christoph Knigge

Morgens um 8 Uhr im vollbesetzten ICE von Köln Hauptbahnhof nach Hannover: Nach ein paar Minuten wurde der Zug immer langsamer, und mir war die Umgebung nicht mehr bekannt, obwohl ich die Strecke oft fahre. Kurz darauf hielt der ICE, und der Fahrer ging im Kies neben dem Zug nach hinten. Dann kam die Durchsage, dass man aus Versehen in den Güterumladebereich gefahren sei. Jetzt sei nicht ganz klar, wie man denn hier wieder herauskomme. Ungläubiges Staunen, Kopfschütteln und Gelächter bei den Fahrgästen. Nach circa zehn Minuten fuhr der Zug in die entgegengesetzte Richtung. Es wurde angesagt, dass man jetzt den Weg gefunden habe und darum bitte, die Verzögerung zu entschuldigen.

Magnus Thurn, Hürth

Ein Zug raste ungebremst durch einen kleinen Bahnhof zwischen Bremen und Bremerhaven. Die Wartenden am Bahnsteig beobachteten, wie er in weiter Ferne zum Halten kam. Eine Viertelstunde lang sahen sie nur die Rücklichter. Schließlich setzte sich der Zug wieder in Bewegung und fuhr langsam rückwärts ein. Aus der Tür des hintersten Waggons schaute der Zugbegleiter heraus, er wies den Lokführer an. Er grinste von einem Ohr zum anderen und rief den applaudierenden Leuten zu: »Nicht lachen, nicht lachen! Der ist noch ganz neu!«

Ingo Lübken

Wir saßen im IC auf der Fahrt durchs Münsterland, als der Zug auf freier Strecke stehen blieb. Ich hörte in Gedanken schon die Standardansage, die so etwas mit Verzögerungen im Betriebsablauf begründet. Doch es kam: »Die Weiterfahrt verzögert sich, weil … da sind … es ist eine Schafherde auf den Schienen. Der Bundesgrenzschutz ist informiert.« Alles lachte. Der Zug stand fast eine Stunde lang, und wir lauschten den Kommentaren des Zugchefs, der offensichtlich auch seinen Spaß hatte: »Der Grenzschutz ist da. Ich sehe sie.« – »Sie versuchen, die Schafe einzufangen.« – »Es sind nur noch wenige auf den Schienen.« Schließlich waren alle Tiere in Sicherheit, und auch mein Kollege war nicht allzu schlecht gelaunt, obwohl er seinen Anschlusszug verpasste.

Sigrun Friederike Priemer, Hamburg

BAHN-ABC:
Güterzug

G

Laut ratterndes Langvehikel, das meist genau dann am Bahnsteig vorbeidonnert, wenn man versucht, eine wichtige Durchsage zur Gleisänderung zu verstehen.

Auf einer Zugfahrt im ICE-Sprinter von Berlin nach Stuttgart kam es zu einem ungeplanten Halt in Kassel. Kurz darauf hörten wir die Durchsage: »Der Lokführer wurde ausgetauscht. Da sich der zugestiegene Lokführer im Streckennetz nicht aus-

kennt, muss die Fahrgeschwindigkeit deutlich reduziert werden.« Nach gemächlicher Fahrt und mit einer Stunde Verspätung erreichten wir Frankfurt, und da zeigte sich die Unkenntnis deutlich: Der Fahrer irrte rund eine halbe Stunde durch sämtliche Stadtteile Frankfurts, bis er endlich den Hauptbahnhof gefunden hatte.

Inga Warncke, Hamburg

Nachts auf der Fahrt von Hannover nach München Hauptbahnhof: »Meine Damen und Herren, in Kürze erreichen wir München-Pasing.« Kurz darauf hielt der Zug an. Nach fünf Minuten folgte die Durchsage: »Meine Damen und Herren, wir sind außerplanmäßig zum Stehen gekommen, es geht in wenigen Minuten weiter.« Nach kurzer Zeit: »Meine Damen und Herren, es ist doch schon recht dunkel hier vorne, wir befinden uns *in* München-Pasing. Ich bitte alle Passagiere, die hier aussteigen möchten, dies nun zu tun.« Kommentar meines Sitznachbarn: »Gut, dass der ICE automatisch hält, wenn die Zugführer hier schon die Bahnhöfe verschlafen.«

Benjamin Winkler, Goslar

In der Regionalbahn von Wuppertal nach Bonn: »Aufgrund einer vollkommen unsinnigen wie auch überflüssigen Zugüberholung werden wir erst in zehn Minuten nach Köln Hauptbahnhof weiterfahren können.«

Arnd Tüffers, Mettmann

Beim Verlassen des Leipziger Hauptbahnhofes fuhr mein ICE in einen Tunnel, wurde langsamer und blieb schließlich mitten

in der Röhre stehen. Einige Minuten später lief ein sichtlich verwirrter Zugbegleiter durch die Waggons. Die noch gutgelaunten Fahrgäste störten sich wenig daran. Nach etwa fünf Minuten kam eine Durchsage, bei der der Schaffner sich kaum das Lachen verkneifen konnte: »Meine Damen und Herren, es tut mir sehr leid, aber wir haben uns offensichtlich verfahren. In diesem Tunnel haben wir keinen Strom und können deshalb nicht weiter. Eine Rangierlokomotive ist unterwegs, um uns aus dem Tunnel zu schleppen. Das wird aber mindestens eine halbe Stunde dauern.«

Während die verwirrten Fahrgäste über diese Ansage grübelten, folgte eine zweite: »Da wir keinen Strom haben, müssen wir jetzt leider das Licht ausschalten.« Mit Notbeleuchtung, Kaltgetränken gratis aus dem Bistro und trotz allem guter Laune warteten wir auf die Weiterfahrt, die dann eine Dreiviertelstunde später begann.

Markus Meichau, Erfurt

Durchsage in der Berliner S-Bahn: »Sehr geehrte Fahrgäste, da sich auf unserer Fahrstrecke Kinder befinden und es uns leider gesetzlich verboten ist, diese zu überfahren, bitten wir Sie, die Verzögerung zu entschuldigen.«

Frank Eichholz, Mössingen

Ich war mit einer Regionalbahn von Bonn nach Rheinbach unterwegs, hinter Duisdorf hielt der Zug auf freier Strecke an. Die Durchsage: »Ein Selbstmörder, der auf einer Brücke steht, blockiert uns die Weiterfahrt. Wir bitten um Geduld.« Nach circa zehn Minuten: »Wir können nun weiterfahren, das Pro-

blem hat sich erledigt.« Ob der schwarze Humor Absicht war oder nicht, weiß ich nicht – im Abteil rief die Durchsage jedenfalls einige Belustigung hervor.

Michael Tautz, Köln

Die S-Bahn nach Wuppertal hatte bereits in Düsseldorf über 25 Minuten Verspätung. Dann musste die Bahn einige Male warten und wichtigere Züge vorbeilassen, was uns der Lokführer pflichtschuldig mitteilte. Seine Laune war hörbar mies. Kurz vorm Ziel ein erneuter Stopp und die Durchsage: »Also, das glaube ich jetzt nicht! Man hat mir gerade mitgeteilt, dass ich ohne Halt im Wuppertaler Hauptbahnhof bis nach Hagen durchfahren soll. Das mache ich nicht! Ich halte da. Liebe Fahrgäste, der nächste Halt ist Wuppertal Hauptbahnhof!«

Katja Denker, Wuppertal

BAHN-ABC:
Hbf

H

Eine der seltsamsten Abkürzungen im deutschen Sprachgebrauch, schließlich ist es nicht üblich, dass der letzte Buchstabe des Wortes Teil der Kurzform ist. Würde man die gleiche Logik anderweitig anwenden, würden Nackedeis sich an Fkkr erfreuen, Demonstranten gegen ein Akwk protestieren, Reiche die FDPi wählen und Fußballfans im ZDFn ein Spiel des HSVn gucken. Die Schweizer machen es mal wieder weniger kompliziert: Sie kürzen das Wort Hauptbahnhof mit »HB« ab.

Ansage in der S-Bahn Stuttgart nach einem außerplanmäßigen Halt in einem Tunnel: »Meine Damen und Herren! Wir fahren die übliche Drei-Minuten-Verspätung ein. Dafür gibt es keine Entschuldigung!«

Otto Mildt, Nordheim

An einem Sonntag im Zug von Hannover nach Frankfurt: »Hier spricht Ihr Lokführer. Ich habe eine Information für den Fahrgast im blauen Hemd, der mir eben in Göttingen so demonstrativ die Uhr gezeigt hat. Erstens habe ich hier vorne ebenfalls funktionierende Zeitmesser, die mir die richtige Zeit anzeigen. Zweitens weiß ich auch, dass wir eine Verspätung haben, und Sie können mir glauben, dass dies nicht mit Absicht geschieht. Zum Abschluss für alle Fahrgäste und besonders für den Herrn im blauen Hemd: Wir werden Kassel-Wilhelmshöhe mit einer Verspätung von nur noch zwei Minuten erreichen.« Das hat für sehr viel Erheiterung gesorgt.

Stephanie Gwiasda, Meppen

Die Fahrt mit dem Nachtzug sollte am Donnerstagmorgen um 0.31 Uhr vom Hamburger Hauptbahnhof losgehen, Ankunft in Köln war um 6.14 Uhr geplant. Von dort aus wollte ich weiter nach Trier zu meiner Freundin. Der Zug kam schon mit über eineinhalb Stunden Verspätung in Hamburg an: Ein todessehnsüchtiger Mensch befand sich auf dem Bahnhofsdach, das gerade wegen Bauarbeiten teilweise mit Planen abgedeckt war – direkt über dem Gleis 14, auf dem mein Zug halten sollte. Der Bahnsteig wurde von der Polizei abgesperrt,

die Feuerwehr rückte an. Es wurde sogar ein riesiges weißes Kissen herangekarrt, mit dem der Selbstmörder im Falle eines Sprunges aufgefangen werden sollte.

Schließlich fuhr der Zug gegen 2 Uhr morgens auf Gleis 8 ein, und wir konnten endlich einsteigen. Als ich um 5 Uhr wach wurde, wunderte ich mich beim Blick aus dem Fenster über das Schild »Hannover Hauptbahnhof«. Selbst mit der Verspätung hätten wir eigentlich schon viel weiter südlich sein müssen. Ich berechnete die Zeit, zu der wir ungefähr in Köln ankommen sollten, und schlief wieder ein.

Als ich das nächste Mal die Augen öffnete, wunderte ich mich über die gelben Nummernschilder der Autos. Nächster Halt war: Arnheim, Niederlande. Nanu, seit wann fährt der Zug so einen Umweg? Ich ging also zum Schaffner und fragte ihn, wann wir in Köln ankämen. Er schaute mich ganz verdutzt an und sagte, Köln liege schon zwei Stunden hinter uns. Blankes Entsetzen, hatte ich etwa tatsächlich verpennt? Doch ein zweiter Schaffner klärte auf: Der Zug hätte insgesamt so viel Verspätung gehabt, dass er das Ruhrgebiet und Köln einfach übersprungen habe und bei Hamm nach Amsterdam abgebogen sei. Die nächste Haltestelle sei Utrecht. Dort würde er auch aussteigen, und ich könne mit ihm umsonst im ICE zurück nach Köln fahren. Die Bestätigung über die Verspätung solle ich mir in Köln am Service-Point besorgen.

In Utrecht stieg ich in den ICE nach Köln. Dessen Zugbegleiter versuchte ich zu erklären, warum ich kein Ticket hatte. Sein Gesichtsausdruck verfinsterte sich, er glaubte mir kein Wort. Zum Glück kam dann der Schaffner aus dem Nachtzug und sagte, das ginge schon in Ordnung. Kurz vor Köln hatte

dieser ICE einen Schaden und musste in Leverkusen halten. Wir mussten eine Viertelstunde auf den nächsten Zug warten. Gegen 16 Uhr war ich endlich in Köln. Am Service-Point wollte die hübsche Bahnmitarbeiterin nichts von einem außer Kontrolle geratenen Nachtzug wissen, der in die Niederlande ausgebüxt war. Sie glaubte mir die Geschichte nicht und merkte spitzfindig an, dass ich viel zu entspannt wirkte für die Odyssee, die ich hinter mir hätte. Die Wahrheit war: Die Bahn hatte mich schon so weich gekocht, dass ich alles mit stoischem Gleichmut geschehen ließ. Was blieb mir denn übrig? Sie verweigerte mir den Verspätungsstempel. Ich insistierte, dass das doch irgendwo notiert sein müsse, dass der Zug nach Köln nicht in Köln gehalten hatte. Schließlich sagte ihr Kollege, der neben ihr saß: »Guck, da isser doch!« Statt um 10.15 Uhr kam ich irgendwann gegen 20 Uhr in Trier an. Am nächsten Morgen holte ich am Service-Schalter die 22 Euro für die zehnstündige Verspätung ab – ab zwei Stunden kriegt man nämlich die Hälfte des Fahrpreises erstattet.

Stefan Vukusic, Hamburg

Im voll besetzten ICE International von Brüssel nach Köln am Freitagabend: Kurz nach der Weiterfahrt vom Bahnhof Lüttich blieben wir auf freier Strecke stehen. Der Zug hätte sich leider verfahren, sagte der Zugführer durch, eine Weiche sei wohl falsch gestellt worden. In Kürze werde man zurücksetzen, um auf die eigentliche Strecke zurückzukehren. Nach dieser bei den Fahrgästen schon für Erheiterung sorgenden Nachricht fuhr der Zug mit rund vierzig Minuten Verspätung in Aachen ein. Dort versuchten die Bahnangestellten – hörbar bemüht,

den richtigen Ton zu treffen – uns zu vermitteln, dass man nun leider aufgrund von Dienstvorschriften auch noch eine halbstündige Pause für das Personal einlegen müsse.

Marian Schreier, Brüssel

Über Ostern im Zug von Frankfurt nach Berlin betrug die aktuelle Verspätung nach zahlreichen Umleitungen wegen Bauarbeiten und ausgefallenen Zügen schon 25 Minuten.

Reisender zum Zugbegleiter: »Wie ist denn das mit der Entschädigung bei Verspätung?«

Zugbegleiter: »Die gibt's erst ab einer Stunde.«

Reisender nickt.

Zugbegleiter (schaut auf die Uhr): »Aber das schaffen wir heute bestimmt noch.«

Auch der Rest des Abteils freute sich sehr über dieses erklärte »Ziel« des Zugbegleiters.

Claudia Sikorski, Leipzig

»In Kürze erreichen wir München Hauptbahnhof. Der Zug endet hier. Bitte alle Fahrgäste aussteigen. Leider haben wir drei Minuten Verspätung auf Grund des nicht optimalen Einstiegverhaltens der Fahrgäste.«

Svenja Koch, Hildesheim

Auf der Strecke von Köln nach Frankfurt, genau zum Fahrplanwechsel im Herbst: Wie immer am Sonntagabend gegen 21 Uhr war der letzte ICE nach Bonn voll mit Bundeswehrsoldaten, die noch vor dem Zapfenstreich in der Siegburger Kaserne sein mussten. Ich hatte es mir im Bordbistro gemüt-

lich gemacht und unterhielt mich mit der Zugchefin, als wir in Bonn aus dem Fenster sahen und feststellten, dass wir gerade mit circa 180 km/h durch den Bahnhof rauschten. Sofort füllte sich das Bistro mit Soldaten, die sich beschwerten. Hektisch telefonierte die Zugchefin mit dem Lokführer, der dann in einer Durchsage zugab, fälschlicherweise nach dem »alten« Fahrplan zu fahren. Heiterkeit bei vielen Mitreisenden, Frust bei den Soldaten. Der Zug hielt dann außerplanmäßig in Montabaur, von wo die Soldaten mit einer Regionalbahn zurück nach Bonn mussten – sie hatten keine Chance, noch pünktlich in der Kaserne zu sein.

Dafür stieg – obwohl am späten Sonntagabend kein ICE mehr in Montabaur hätte halten sollen – ein älteres Ehepaar samt Koffer auf dem Weg zum Frankfurter Flughafen ein, seelenruhig und als wäre nichts Außergewöhnliches passiert.

David Löhring, Düsseldorf

BAHN-ABC:
Isomatte

Leichtgepäckstück aus Schaumstoff, das für Wander- und Campingurlaube konzipiert wurde, aber nicht Bahnfahrt-kompatibel ist. Denn beim Ein- und → Ausstieg verkanten die am Rucksack befestigten renitenten Rollen vor der Tür, was zu starker Rückwärtslage des Reisenden führt. Und im Extremfall zu einem unsanften Bodenaufprall, dessen Endposition an einen auf dem Rücken liegenden Käfer erinnert.

Die komplette Bahnstrecke zwischen Hamm und Bielefeld war gesperrt, weil ein Lkw auf die Schienen gestürzt war. Mein ICE fuhr daher von Hamm über Münster und dann Richtung Minden zurück auf die normale Trasse – im Bummelzugtempo mitten durch die Felder. Auf die Verspätung schaute schon längst niemand mehr. Irgendwann kam dann die Durchsage: »Meine Damen und Herren, ich würde Ihnen nur zu gern sagen, wo wir gerade sind oder wann wir am Bahnhof Hannover ankommen. Aber um ehrlich zu sein: Wir wissen es selbst nicht. Darum schauen Sie einfach aus dem Fenster und genießen Sie die schöne Landschaft.«

Matthias Hovestadt, Paderborn

In Schwabach fuhr die Regionalbahn auf einem Gleis ohne Bahnsteig ein – genau zwischen zwei Haltegleisen. Dann kam die Durchsage: »Mist, wir sind auf dem falschen Gleis eingefahren. Wir setzen jetzt zurück.« Nach circa zehn Minuten des Zurücksetzens kam dann in bestem Fränkisch: »So, jetzt probier mer's noch emol.« Dann konnten wir mit rund zwanzig Minuten Verspätung auch endlich umsteigen und weiterfahren.

Martin Karch, Nürnberg

Durchsage eines frustrierten Lokführers in einer Regionalbahn direkt nach der Abfahrt vom Kölner Hauptbahnhof: »Unsere Weiterfahrt wird sich noch etwas verzögern. Der *wichtige* ICE muss nämlich dringend auf den Abstellbahnhof. Wir haben ja schon Verspätung, ich könnt' k…« (Hier stellte er das Mikro ab, aber jeder konnte sich das Wort mit »k« denken.) Etwas später, zwischen Brühl und Sechtem: »Na toll, wir müssen

jetzt noch etwas langsam fahren, da vor uns noch ein Zug fährt. Vielen Dank an die DB Netz, wir wurden offenbar heute zum unwichtigsten Zug Deutschlands degradiert.« Noch ein wenig später: »Nächster Halt Roisdorf. Ausstieg diesmal in Fahrtrichtung rechts. Das bedeutet wohl, dass wir von noch einem verspäteten ICE überholt werden. Dabei haben wir eh schon Verspätung durch eine ICE-Überholung. Ich bin begeistert – Sie wahrscheinlich auch.« Die Ansagen haben uns auf der stockenden Fahrt zumindest ein bisschen aufgeheitert.

Frank Sagurna

Durchsage im Regionalzug von Köln nach Bonn: »Wir haben jetzt zwei Minuten Verspätung wegen des Blödmanns, der so lange in der Tür gestanden hat. Nicht, dass hinterher wieder die Bahn schuld ist!«

Kai-Uwe Henker, Köln

Am Stuttgarter Bahnhof stieg ich in meinen Zug, der hier eingesetzt wurde und schon bereitstand. Da ich in Mannheim nur wenige Minuten zum Umsteigen hatte, war ich nervös und schaute ständig auf die Uhr. Die Abfahrtszeit verstrich – nichts passierte. Nach weiteren fünf Minuten fuhr der Zug endlich los. Kurz darauf ertönte die Stimme der Schaffnerin, hörbar außer Atem. »Entschuldigen Sie unsere verspätete Abfahrt, aber das Zugbegleitpersonal kam mit der Bahn …« – Gelächter bei einigen Reisenden – »… die verspätet aus Singen kam.«

Johannes Steinebrei, Waldfischbach

Ansage im ICE von Hamburg nach Köln: »Sehr geehrte Reisende! Wir haben eine derzeitige Fahrplan-Situation von 38 Minuten. Gemeinsam mit Ihnen stellen wir uns dieser Herausforderung.«

Anne Hutmacher, Hamburg

Der Halt des Zuges von Frankfurt nach Heidelberg dauerte im Hauptbahnhof Darmstadt länger als gewöhnlich. Die erklärende Durchsage: »Sehr geehrte Reisende, die Weiterfahrt dieser Regionalbahn wird sich noch um wenige Minuten verzögern …« Man konnte im Abteil hören, wie einige Fahrgäste schon Luft holten, um Hasstiraden loszulassen. Dann ging es weiter: »… da unser Lokführer Durchfall hat und sich noch auf der Toilette befindet.« Schallendes Gelächter im Abteil, über die entstandene Verspätung kam kein böses Wort mehr. Vielmehr wurden Freunde angerufen und vom Leid des Lokführers in Kenntnis gesetzt. Lediglich ein Zweifler war zu hören, der sich fragte, wie sich die Verspätung auf den nächsten Stopps wohl noch entwickeln würde.

Jochen Bestgen, Darmstadt

Der ICE von Hamburg nach Dortmund fuhr in Bremen nicht mehr weiter. Dort kam die Ansage: »Die Weiterfahrt verzögert sich um einige Minuten, da der Lokführer fehlt.« Etwa zehn Minuten später sah man einen Mann in Bahnuniform mit Aktentasche und Kaffee im Pappbecher Richtung Lok rennen. Dann die Durchsage mit atemloser Stimme: »Ich bin dann jetzt da, wir fahren weiter. Nächster Halt ist Osnabrück, dort haben Sie keinen Anschluss mehr an folgende Züge …« Danach zähl-

te er hörbar amüsiert mehrere Verbindungen auf, die nicht mehr zu erreichen seien. Außer ihm fand das aber wohl niemand lustig.

Julia Fischer, Hamburg

»Der Zug wird sich wegen des schlechten Betriebszustandes der Wagen um etwa zehn Minuten verspäten.«

Svenja Koch, Hildesheim

Eine Glosse über die Deutsche Bahn kann gelinde gesagt als problematische Textgattung bezeichnet werden, denn vieles ist einfach Realsatire. Und doch! Als Kennerin des absurden Theaters kann ich der Bahn nur sagen: Hut ab! Ich weiß nicht, ob die Geschichte wahr ist, dass einem Bahnkunden gesagt wurde, der ICE 123 sei verspätet, weil Laub auf den Schienen gelegen habe. Ich weiß nicht, ob wahr ist, dass ein Kind von Freunden während einer »Signalstörung« im EC 456 nach Köln entstand. Neulich aber hatte die Bundesbahn Event-Charakter, wie ihn Regisseur Claus Peymann auch nicht besser hätte inszenieren können – großes Theater!

Ich will mit dem ICE von Göttingen nach Freiburg fahren, erfahre aber schon am Bahnhof, dass er wegen einer »Notbremsung« »auf unbestimmte Zeit verspätet« sei. 15 Minuten später trifft er ein. Schon in Frankfurt hat er eine Stunde Verspätung, die Begründung: »Der Zug hat nur noch ein Triebwerk« und »Signalstörung«. In Mannheim ist der Grund der Verspätung »Aufnahme anderer Reisender aus verspätetem ICE«. Dann endlich, etwa 80 Minuten zu spät und kurz vor Freiburg, kommt die Durchsage, dass es einen »Personenscha-

den« gegeben habe, daher verschiebe sich die Weiterfahrt »auf unbestimmte Zeit«. Ich habe seit Tagen meinen Liebsten nicht mehr gesehen und bin mit ihm in einem romantischen Lokal verabredet. Nun erwäge ich kurz, das Fenster einzuschlagen und zu Fuß nach Freiburg zu laufen, kann aber von verantwortungsbewussten Reisenden davon abgehalten werden. Die Bar wird freigegeben, ich beschließe, mich auf Kosten der Bahn zu betrinken, erfahre aber, dass nur Cola, Wasser und Kaffee frei sind. Da bleibe ich lieber nüchtern.

Der Zug fährt wieder an mit der Durchsage: »Wir halten in Denzlingen, dort wird so bald wie möglich Schienenersatzverkehr eingesetzt.« Zunächst hält der Zug jedoch in Emmendingen. Dem Lokführer scheint das nicht klar zu sein: »Hier ist Denzlingen, bitte alle aussteigen.« Alle steigen aus, bis auf mich, die sowohl Denzlingen als auch Emmendingen kennt und auch auseinanderhalten kann. Dann kommt eine Durchsage im mittlerweile leeren Zug: »Äh, hier ist Emmendingen, bitte alle wieder einsteigen.«

Draußen auf dem schwach beleuchteten Bahnsteig versuchen die wenigen Zugbegleiter, Menschenmassen mit Kind, Kegel, Koffern und Tüten wieder einzufangen und in den Zug zurückzubugsieren. Dabei kriegen sie aber leider nicht mehr alle Türen auf. Kleinere Tumulte und viele engagiert geführte Diskussionen folgen. Ich sitze allein im Abteil und erwäge, mir mit der Nagelfeile einen Fluchtweg durch die Zugwand zu sägen.

Als alle Passagiere wieder drin sind (gefühlte Dauer: eine Stunde), fährt der Zug die paar Meter bis Denzlingen; es kommt die Durchsage: »Äh, das ist jetzt also Denzlingen, bitte alle aussteigen … also die, die nach Freiburg wollen, alle an-

deren verbleiben bitte im Zug.« Am Bahnsteig steht übermüdet mein leicht konsternierter Liebster, der sich inzwischen entschlossen hat, mich dort abzuholen. Wir gehen händchenhaltend am Denzlinger Bahnschalter vorbei, an dem ein hübsches Plakat hängt: »Auskünfte ohne Fahrkartenkauf: 2 Euro«. Es gibt zu Hause Spiegelei und Tee, und das ist auch irgendwie romantisch.

Susanne Bach, Freiburg

Die Eisenbahn, ein Teufelsding

Während die Deutsche Bahn heutzutage wegen Unpünktlichkeit und Servicemängeln gescholten wird, mussten die Eisenbahnunternehmer der ersten Stunde mit viel grundsätzlicherer Kritik fertig werden. Die Eröffnung der ersten deutschen Passagierstrecke am 7. Dezember 1835 von Nürnberg nach Fürth trat eine Diskussion los, die aus heutiger Sicht skurril wirkt: Der damals rasend schnell wirkende Transport auf Schienen und seine Auswirkungen auf den Deutschen Bund waren durchaus umstritten – Delirium bei den Passagieren, die Strafe Gottes und Abwanderung nach Amerika wurden befürchtet. Ein buntes Pro und Contra:

Ernst August II., König von Hannover (1771 bis 1851): »Ich will keine Eisenbahn im Lande! Ich will nicht, dass jeder Schuster und Schneider so rasch reisen kann wie ich!«

Eisenbahn-Pionier Friedrich List, 1841: »Nur mit Hilfe eines deutschen Eisenbahnsystems vermag die gesellschaftliche Ökonomie der Deutschen zu nationaler Größe sich emporzuschwingen.« Es »vernichtet die Übel der Kleinstädterei und des provinziellen Eigendünkels und Vorurteils«.

Johann Wolfgang von Goethe, 1828: »Mir ist nicht bange, dass Deutschland nicht eins werde; unsere guten Chausseen und künftigen Eisenbahnen werden schon das ihrige tun.«

Gutachten eines Königlich Bayerischen Obermedizinalkollegiums, Mitte des 19. Jahrhunderts: »Ortsveränderungen mittels irgendeiner Art von Dampfmaschine« sollten verboten werden, da sie »bei den Passagieren die geistige Unruhe, ›delirium furiosum‹ genannt«, hervorriefen. (Das Gutachten wurde in der Vergangenheit oft zitiert, heute bestehen Zweifel an der Echtheit.)

Volkskundler Wilhelm Heinrich Riehl, 1851: Viele Bauern betrachten die Eisenbahn als »das letzte Wahrzeichen der himmelstürmenden Vermessenheit, mit welcher der übermüthige Mensch den ewigen Naturgesetzen Gottes eine Wette anbietet. Sie ist ihm der Thurmbau von Babel ins Neumodische übersetzt.« Und »der einfältige Bauer hat so seine eigenen Gedanken darüber, daß (die Strafe Gottes ähnlich wie in Babel) spät oder bald auch die Eisenbahnen treffen werde«.

Ein Pfarrer aus Schwabach, vor der ersten Fahrt 1835: »Die Eisenbahn ist ein Teufelsding, sie kommt aus der Hölle, und jeder, der mit ihr fährt, kommt geradezu in die Hölle hinein.«

Anonym, Erlangen, 1835: Der Verfasser fürchtet um Arbeitsplätze von Kutschern, Gast- und Landwirten und prophezeit: »Diese Furcht, erweckt durch die projektierten Eisenbahnanlagen, hat bereits [im bayerischen Rebnitztal] die Auswanderungslust nach Nordamerika so gesteigert, daß fast der halbe Teil jener Bevölkerung zum Abzug bereit ist.«

Ludolf Camphausen, rheinischer Unternehmer und Politiker, 1844: »Das Eisenbahnfieber ist stärker als jemals, es grenzt an Wahnsinn.«

HALLO, JUNGER MANN! ICH KOMM DA NICHT GANZ HOCH!
H&B

Kapitel 5

Die lieben Mitfahrer: **»Steigen wir vorne ein, dann sind wir früher da!«**

Jeder kennt die Situation: Man sitzt mehr oder weniger verschlafen im Zug, und plötzlich ist einer dieser wirklich albernen Klingeltöne zu hören: ein Kleinkind, das »Mama, Telefon« krächzt, der letzte Türkpop-Hit von Tarkan oder eine Polizeisirene. Für einen Moment ist deshalb die Freude groß, wenn es dem oder der Mitreisenden nach einigem nervösen Hantieren mit Tasche und Handyschutzhülle endlich gelingt, das Gespräch anzunehmen. Doch nur für einen Moment. Denn dann folgt ein ungefragter Einblick in sehr persönliche zwischenmenschliche Probleme in Form sehr lautstarker Klagen und sehr wütender Beschimpfungen. Jedes Wort ist problemlos zu verstehen, Weghören unmöglich. Böse Blicke und zur Ruhe mahnende Gesten werden vom Handy-Schreihals ignoriert. Jetzt nicht, ist gerade wichtig. Eine solche Live-Hörspielausgabe von »Gute Zeiten, schlechte Zeiten« kann sich gut und gerne genauso lang hinziehen wie eine Episode der Vorabendserie, leider fehlen die Werbepausen zur Erholung.

Einen rekordverdächtigen Handy-Marathon erlebten die Fahrgäste in einem US-Zug von Oakland nach Seattle im Mai 2011. Gleich nach ihrem Einsteigen um 22 Uhr begann eine

Passagierin, in einem als »quiet train« gekennzeichneten Waggon lautstark zu telefonieren. Sie redete eine Stunde, zwei Stunden. Sie redete die ganze Nacht lang, wie Zeugen später berichteten. Der Akku hielt nur durch, weil in Amtrak-Zügen Ladestationen für Mobiltelefone installiert sind.

Weder die Beschwerden anderer Passagiere noch mehrfache Durchsagen des Zugpersonals, Telefonate bitte zu unterlassen, konnten ihre Erzählfreude stoppen. Mit einigen besonders wütenden Mitreisenden lieferte sie sich Wortgefechte, doch das Handy blieb an. Unglaubliche 16 Stunden soll die Dame telefoniert haben, wie die Nachrichtenseite MSNBC berichtet. Dann hielt der Zug vor einer Schranke, damit Polizisten die Quasselstrippe herausholen konnten. Gegenüber US-Medien gab die Frau später an, »kein Verständnis« dafür zu haben, dass sie den Waggon verlassen musste. Sie beklagte sich darüber, »respektlos« behandelt worden zu sein.

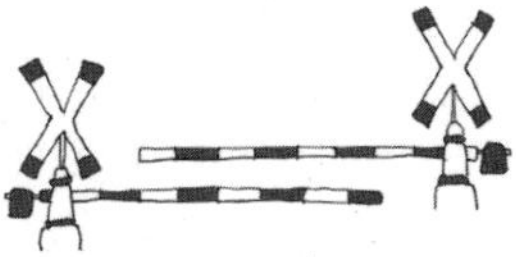

Im ICE von Berlin nach Köln kam ein Bahnbediensteter ins Abteil und verschenkte massenweise Eis am Stiel. Eine Passagierin fragte ihn besorgt: »Ist die Klimaanlage etwa schon wieder defekt?«

Oliver Grübner, Berlin

Im ICE von Nürnberg nach München, der um 8.27 Uhr los-

fährt. Dieser Zug ist immer sehr voll, deshalb habe ich reserviert, genau wie viele andere im Großraumwagen. Plötzlich kommt ein junger dynamischer Lehrer mit einem Dutzend pubertierender Schüler herein. Er zückt sofort seine Reservierungsliste und beginnt, die bereits sitzenden Reisenden zu verjagen. Widerspricht jemand, wird er barsch angefahren: »Hat Vorteile, wenn man lesen kann …« Als er mich ebenfalls von meinem Platz vertreiben will – ich bin mir sicher, nicht falsch zu sitzen –, lasse ich mir seine Reservierung zeigen. Selbstsicher reicht er mir die Belege: Wagennummer: okay. Sitzplatznummern: okay. Also keine weitere Diskussion! Doch dann fällt mir die Zugnummer auf: Er hat in einem anderen Zug reserviert – und der fährt gerade auf dem gegenüberliegenden Bahnsteig ab. Es ist mir ein Genuss, ihn und seine Mitreisenden darauf hinzuweisen. Ich denke, auch seine Schüler werden sich noch länger daran erinnern.

Werner Bauerschmidt, Langenzenn

Im Regionalexpress von Marburg nach Frankfurt hörte ich die Durchsage: »Sehr geehrte Fahrgäste, hier spricht Ihr Führer …« Stille. Darauf sagte ein Fahrgast: »Der ist doch tot?!« Der Rest der Ansage ging dann im Gelächter unter.

Ullrich Grimm, Frankfurt

Wir befanden uns auf der Heimreise von einem Fußballspiel auf der Strecke von Hamburg nach Cuxhaven. Plötzlich ertönten laute Fangesänge aus den Lautsprechern – passend zur Party, die gerade von den Fans der siegreichen Mannschaft in den Waggons mit reichlich Bier zelebriert wurde. Auf einmal

ertönte eine Durchsage: »Ich möchte sämtliche Fans auffordern, sich wieder hinzusetzen und ihren Lautstärkepegel zu senken. Leider ist eine ordentliche Durchsage nicht mehr möglich, da ein paar Männer in blau-weißen Anzügen die Sprechanlage gekapert haben. Wenn jetzt nicht bald Ruhe ist, werfe ich sie eigenhändig aus dem Zug.« Kurze Zeit später wurde auf der Strecke ein generelles Alkoholverbot eingeführt.

Steffi Döscher, Bremen

Auf der Fahrt nach Cloppenburg stiegen in einem ICE ab Köln sonntagabends viele Fahrgäste auf ihrem Rückweg aus dem Urlaub ein. Mit viel Gepäck und etlichen Kindern, die hungrig und durstig waren. Leider war der Bistro- und Restaurantbereich »wegen technischer Probleme« geschlossen – sitzen konnte man zwar dort, aber nichts bestellen. Die Kinder und auch einige der Erwachsenen äußerten mit zunehmender Lautstärke ihren Unmut – nicht zuletzt wegen der unangenehm hohen Temperaturen, denn die Klimaanlage funktionierte mal wieder nicht. Da kam ich auf die Idee, per Handy zu versuchen, eine Pizzeria in Bahnhofsnähe Münster zu finden und dort etwas zu bestellen.

Nachdem mir die Auskunft eine Telefonnummer gegeben hatte, musste ich gefühlte zehnmal (tatsächlich waren es wohl eher drei bis vier Versuche) dem freundlichen Pizza-Menschen am Telefon mein Anliegen erklären. Er dachte erst, es handele sich um einen Scherz, und legte mehrfach auf. Schließlich konnte ich ihn überzeugen.

Und siehe da: In Münster stand der Pizza-Lieferant mit einer Palette Dosen – Limo, Cola und Wasser – sowie mit etlichen

Pizzas am Bahnhof. Jeder im Speisewagen warf ein bisschen Geld in einen herumgereichten Pappkarton, und der Bote ging glücklich und mit reichlich Trinkgeld von dannen. Noch glücklicher waren wir alle im Speisewagen. Die Getränke und Speisen wurden verteilt, es kam eine richtige Partystimmung auf. So kann eine Panne der Deutschen Bahn letztlich bei den Fahrgästen für ein unvergessliches Erlebnis sorgen.

Hans-S. Domeyer

Spätabends im letzten Zug vom Flughafen Frankfurt nach Basel: Nach einigen Kilometern bekam ich Durst und Hunger und fragte den Schaffner, ob noch ein Servicewagen vorbeikäme oder der Speisewagen noch geöffnet sei. Er wusste es nicht und schickte mich auf Verdacht in Richtung Speisewagen. Schon einen Wagen vorher hörte ich lautes Klopfen und heiseres Gebrüll. Als ich ankam, bot sich mir ein köstlicher Anblick. Fünf bis sechs Herrschaften mit Anzug und Krawatte hämmerten mit hochrotem Kopf wie wild auf die Tür ein und riefen: »Lasst uns endlich raus!« Nachdem ich dann den Schaffner geholt hatte, stellte sich heraus, dass die Speisewagencrew die Männer eingeschlossen hatte. Denn die trinkfreudigen Gäste hatten wohl nicht geglaubt, dass dies nun wirklich »die letzte Runde« sei, das Servicepersonal Feierabend habe und den Zug im nächsten Bahnhof verlassen würde. Auch nachdem die Gruppe befreit worden war, wurde weiter lautstark geflucht. Dieses Mal traf es aber den Schaffner, denn einige Fahrgäste waren wohl notgedrungen etwas zu weit gefahren.

Gerald Vasel, Murg

Auf einer Fahrt von Neubrandenburg nach Berlin stiegen bei einem Zwischenhalt weitere Fahrgäste zu, unter anderem eine burschikos auftretende ältere Dame. Diese forderte eine junge Frau auf, ihren Rucksack vom Sitz zu nehmen, damit sie sich setzen könne. Die junge Frau antwortete etwas hilflos, dass das leider nicht ginge, da sie nicht wisse, wohin mit ihrem Gepäck. Daraufhin die ältere Dame: »Dann stehen doch bitte Sie auf, dann kann Ihr Rucksack ja sitzen bleiben!«

Sten Lindner, Dresden

BAHN-ABC:
Jungfraubahn

J

Nein, dabei handelt es sich nicht um den umgangssprachlichen Ausdruck für einen Zug vor seiner ersten Fahrt mit Passagieren. Ebenso wenig ist das eine Sondervariante der in manchen asiatischen Ländern eingesetzten Waggons, die Frauen vorbehalten sind. Stattdessen heißt so eine Zahnradbahn, die auf einen der bekanntesten Berge der Schweiz führt – der Zielbahnhof Jungfraujoch ist mit 3454 Metern der höchstgelegene Europas.

Wir befanden uns an einem Freitagabend in einem völlig überfüllten ICE von Würzburg nach Frankfurt Flughafen mit entsprechend viel Urlaubsgepäck und gaben unser Bestes, möglichst noch einen schmalen Korridor frei zu halten. Die meisten

Mitreisenden quetschten sich auch kommentarlos hindurch. Aber in bester Erinnerung blieb uns jener piekfeine Mann, der schnurstracks auf unseren Koffer zulief, abrupt anhielt, seinen Kopf hob und mit vollem Ernst forderte: »Könnten Sie Ihren Koffer zur Seite bewegen, sonst muss ich eine Kurve laufen!« Nach einiger Wartezeit schien jedoch auch er die Unmöglichkeit seiner Forderung einzusehen, und er ging – wenn auch widerwillig – in einem Bogen um unser Gepäck.

André Mayer, Würzburg

Ich saß am hinteren Ende eines Großraumwaggons. Irgendwann ging vorne die Tür auf, und der Schaffner rief: »Fahrscheinkontrolle! Neu zugestiegen?« Plötzlich sprang der Mann neben mir auf und rief laut zurück: »Hier!«

Kai Scheffler, Bottrop

Der kleine Finger am Abzug drückt ab, die Pistole knattert, ihr Gehäuse blinkt dabei blau und rot. »Ball her!«, brüllt das Kind in mein Ohr, ihm ist ein Plastikball heruntergefallen und zu meinem Platz im Großraumwagen gerollt. Ich gebe ihm sein Spielzeug. Statt sich zu bedanken, beginnt der Junge nun, an meiner Rückenlehne zu rütteln. Ich drehe mich um: »Würdest du jetzt bitte meinen Sitz und mich in Ruhe Zug fahren lassen?« Seine Kulleraugen blitzen, und die Mutter der Nervensäge ist empört: »Na, hören Sie mal, er ist doch noch ein Kind! Stellen Sie sich bitte nicht so an!« Die nächsten Minuten knattert die Knarre weiter, dazu kreischt das Kind vor Vergnügen. Doch plötzlich wird er abgelenkt, denn seine Mutter packt ein Stück Schokolade aus. »*Mama*! Du willst doch *abnehmen*!«,

krakeelt der Sohnemann, so dass es der ganze Waggon hören kann. »Thomas, jetzt hör aber auf!«, faucht die Mutter. Ich drehe mich um und sage mit einem Lächeln: »Jetzt stellen Sie sich doch nicht so an, er ist doch noch ein Kind!«

Frauke Lüpke-Narberhaus, Hamburg

Eine Bahnfahrt von Kiel nach Bonn verlief bis Köln ohne Störung. Dort stieg aber eine ältere Dame ein, die schon etwas hilfsbedürftig war. Dank der freundlichen Unterstützung anderer Reisender hatte sie schließlich ihren reservierten Platz gefunden und ihre Tasche verstaut. Blieb nur noch ihr Mantel, für den sie dann ohne Mithilfe einen Haken fand, und zwar einen leuchtend roten! Der Zug fuhr inzwischen schon wieder, und sie hängte dort also ihren Mantel auf und zog noch einmal kräftig daran, damit er auch schön glatt hing. Ich habe so eine Notbremse zum ersten Mal in Aktion gesehen und war erstaunt, wie schnell der Zug stand. Das Bahnpersonal hatte schnell die Schuldige gefunden. Die ältere Dame hatte Glück – sie wurde nur beruhigt und nicht zur Kasse gebeten. Schon bald fuhr der Zug weiter.

Uwe Jensen, Kiel

Am 12. September 2009 war der ICE von Dresden nach Frankfurt absolut überfüllt. Ich stellte meinen Koffer in den Gang und fand einen Platz. Irgendwann hinter Jena kam ein Hinweis, dass wir außerplanmäßig halten würden, weil die Bundespolizei zusteige. Ein herrenloser Koffer sei gefunden worden, und wir sollten Ruhe bewahren. Ich war genervt und dachte mir: »Das ist doch eh wieder ein Missverständnis, wer macht denn so was.«

Polizisten, Hunde und gehetzte Bahnmitarbeiter liefen durch den Zug. Doch schließlich fuhren wir weiter. Als der Zug in Frankfurt ankam, war mein Koffer unauffindbar. Ich suchte und suchte, bis ich heulend den Zug in der letzten Minute verließ – ohne Gepäck. Es war also mein Koffer, der entfernt worden war!

Nach einigen Stunden am Telefon hatte ich herausgefunden, wo er war: bei der Bundespolizei in Erfurt. Ich war schrecklich sauer und wollte wissen, warum man gerade meinen Koffer als herrenlos identifiziert habe. Schließlich war er einer von vielen. Man teilte mir mit, dass ein Mann eingestiegen sei, ihn berührt habe und wieder ausgestiegen sei. Jemand hätte dies beobachtet und für auffällig befunden. Angeblich lagen Beweise für ein geplantes Attentat vor. Das Gepäck wäre fast gesprengt worden, hätten die Hunde nicht Entwarnung gegeben. Durchsucht wurde es jedoch gründlich. Eine Woche später bekam ich nach langer Diskussion meinen Koffer mit der Post zugestellt, ohne etwas bezahlen zu müssen. Denn erst wollte man 40 Euro Porto von mir. Heute ist er wieder hier bei mir, und ich lasse ihn nicht mehr aus den Augen. Und rund um den 11. September werde ich mich an meinen Koffer ketten, falls eine Bahnfahrt ansteht!

Fiona Merfert

Eines Sonntags im vollbesetzten ICE. Ein Vater spielt mit Engelsgeduld und gut hörbar mit seinen beiden Kindern »Ich sehe was, was du nicht siehst«. Die Tochter kann nicht genug bekommen, der Vater hat aber irgendwann keine Lust mehr und sagt: »Ich sehe was, was du nicht siehst, und das ist sechs

Jahre alt und kann ganz schön nerven.« Ein paar der umsitzenden Fahrgäste können das Lachen nicht unterdrücken, die Kleine ist furchtbar beleidigt und schmollt. Ein paar Minuten später trumpft sie laut auf: »Ich sehe was, was du nicht siehst, und das hat ganz gelbe Zähne!«

Susanne Balzer, Godvik, Norwegen

Vor einigen Jahren fuhr ich mit dem Zug auf Klassenfahrt. Ein Freund von mir öffnete wegen der schlechten Luft im Abteil ein Fenster. Sofort sprang eine ältere Dame in unserer Nähe auf und schrie erbost: »Ich sitze hier im Zug! Das geht nicht!«

Julian Jansen, Nettetal

Ein Intercity auf dem Weg nach Bremen, kurz nach dem Halt in Osnabrück, an einem Freitagvormittag. Der Zug ist völlig überbelegt, Kegelklubs und Bundeswehrsoldaten zuhauf. Eine Dame um die 50 stürmt – wegen des vielen Gepäcks in einer Art Hürdenlauf – auf den Schaffner zu und verlangt Auskunft darüber, ob er ihren Mann gesehen hätte. Der hätte in Osnabrück zusteigen sollen, sei aber noch nicht aufgetaucht. Ein Handy hätten sie beide nicht. Viele Fahrgäste hatten die Frage mitgehört, die Dame sah sich nun vielen perplexen Gesichtern gegenüber.

Der Schaffner war sehr hilfsbereit und fragte: »Wie sieht Ihr Mann denn aus, was trägt er für Kleidung?« Darauf kam die wüste Antwort: »Junger Mann, woher soll ich wissen, was mein Mann anhat. Ich habe ihn schließlich heute noch nicht gesehen. Ich sehe schon, Sie wollen und können mir auch

nicht weiterhelfen.« Die Dame marschierte ab und hinterließ einen geknickten Schaffner.

Björn Bergerhausen, Köln

Eine circa 18-jährige junge Frau stieg in einen ICE zu und begann, das Abteil zwecks eingehender Betrachtung der Sitzreservierungen zu durchqueren. Schließlich blieb sie vor einem Sitz stehen und starrte circa eine Minute auf die gewaltige Textmenge der Reservierungsschilder. Schließlich fragte der Platzinhaber: »Ist das Ihr Platz?« – »Hmmm (kurze Pause), ja, der würde passen!« Ihr Gesprächspartner schaute verwirrt: »Ist das nun Ihr Platz?« – »Ja, der würde passen, ich fahre ja auch nach Kassel«, sagte mit zunehmender Überzeugung die junge Frau. Nach einer kurzen Pause antwortete der Mann: »Haben Sie jetzt diesen Platz reserviert?« Jetzt wirkte die junge Dame wieder etwas verunsichert: »Ich glaube, ja.« Langsam schlich sich ein leicht genervter Unterton in die Stimme des Platzinhabers. »Welche Nummer haben Sie denn auf Ihrer Fahrkarte stehen?« – »Nummer? Häh?« Es folgte eine kurze Einweisung in die Kunst der Platzreservierung: »Auf Ihrer Fahrkarte steht eine Wagennummer und eine Platznummer. *Diesen* Platz haben Sie dann reserviert.« – »Ach so, ich dachte, die Plätze sind für die Leute reserviert, die von Frankfurt nach Kassel fahren. Keine Ahnung, was meine Mama da gemacht hat.« Der ganze Wagen brüllte natürlich inzwischen vor Lachen.

Bastian Weitner, Meppen

Ein Provinzbahnhof an einem autofreien Sonntag 1974. Eine

offensichtlich unerfahrene Dame zu ihrer Begleiterin: »Steigen wir vorne ein. Dann sind wir früher da.«

Christof Roether, Sindelfingen

BAHN-ABC:
Kaffee

K

Koffeinhaltiges Heißgetränk, das in seiner Deutsche-Bahn-Version allenfalls erahnen lässt, warum es üblicherweise als »Genussmittel« gilt. Meist führt bereits der erste Schluck zu einem schmerzlichen Reuegefühl, die 2,80 Euro nicht für eine → zweitklassige → Bockwurst ausgegeben zu haben.

Eines Abends, im RE9 auf dem Weg von Troisdorf nach Köln, ertönten plötzlich ungewohnte Klänge aus den Lautsprechern. Zunächst dröhnte in miserabler Qualität ein Lied der Sängerin Beyoncé durch die Abteile, woraufhin eine nach Teenager in der Pubertät klingende Stimme in ernstem Tonfall verkündete: »Meine sehr geehrten Damen und Herren, liebe Fahrgäste! Aufgrund von Stellwerkstörungen wird dieser Zug heute nicht in Köln halten. Der Zug wird umgeleitet nach Fickihausen. Ich wiederhole: Unsere Endstation heute ist Fickihausen!« Eine alte Dame, die mir gegenübersaß, schaute mich daraufhin verwirrt an und meinte: »Früher hätte es so was nicht gegeben. Wie soll ich denn jetzt nur von Fickihausen nach Köln kommen? Hoffentlich haben die von der Bahn wenigstens Busse für uns da!«

Ich grinste und wollte gerade zu einer Erklärung ansetzen, da tönte es wieder aus den Zuglautsprechern: »Sehr geehrte Fahrgäste, willkommen im Fickiexpress. Unsere Endstation heute ist: Fickihausen! Wir entschuldigen uns für die Unannehmlichkeiten. Sollten Sie Beschwerden einreichen wollen oder einen Musikwunsch haben, wenden Sie sich bitte an das Zugpersonal. Vielen Dank und gute Fahrt!« Wieder wurde Musik gespielt. Die alte Dame sah mich erneut fragend an, da spurtete plötzlich der aufgebrachte Schaffner durch den Gang und verkündete einige Sekunden später über die Lautsprecher: »Ah … emmm … Hallo, liebe Zuggäste, dieser Zug wird nicht nach … ähm … dieser Zug wird natürlich planmäßig nach Köln fahren. Ich wiederhole: Dieser Zug wird planmäßig nach Köln fahren! Bitte vergessen Sie die letzte Durchsage, da hat sich jemand einen bösen Scherz erlaubt.« Die alte Dame war erleichtert: »Hach, diese Schaffner von heute … Aber es ist ja auch alles viel komplizierter mit den ganzen Zügen!«

Till Bierther

Am Montagmorgen gegen 7 Uhr im ICE von Mannheim in Richtung Köln. Nachdem ich meinen reservierten Platz an einem Vierertisch eingenommen habe, setzt sich mir gegenüber eine gestylte Dame der Marke »Ich bin ja so unendlich wichtig«: Notebook-Tasche links, Handy rechts am Ohr. Ihre erste Bemerkung: »Diese unfähige Bahn hat mal wieder meine Platzreservierung verschusselt, wird ja gar nicht angezeigt. Na, egal, der Platz ist ja frei.« Als Zweites bekomme ich mit, wie sie mit einer Kollegin oder einem Kollegen telefoniert, den sie für

alle hörbar nach Strich und Faden fertigmacht: »Wo bleiben Sie denn?« »Inakzeptabel, Termine nicht einzuhalten!« »Jetzt seien Sie mal still, so geht's wirklich nicht!« »Das wird ein Nachspiel haben!« Danach war Ruhe, einige Minuten später kam der Fahrkartenkontrolleur. Was sich nun herausstellte, ist wohl klar: Die Dame hatte eine Fahrkarte mit Zugbindung und leider den falschen Zug eine Stunde zu früh genommen.

Rainer Sawitzki, München

Eine Unterhaltung zweier Damen im Intercity zwischen Dortmund und Münster. Die eine: »Sabine wohnt ja zwischen Ascheberg und Münster.« Antwort der anderen: »Aber nicht, wenn man von dieser Seite kommt.«

Christine Bolte, Münster

Auf einer ICE-Fahrt saß ich im Großraumabteil an einem Tischplatz mit drei anderen Fahrgästen. Einer hatte seinen Laptop aufgeklappt und guckte ohne Kopfhörer einen Film, der gerade in die Kinos gekommen war. Der Ton war zwar leise, aber der Film erkennbar, offensichtlich eine Raubkopie. Neben ihm saß ein Mann, der sein Handy auf dem Tisch liegen hatte. Plötzlich klingelte das Handy, die Melodie war eine Polizeisirene. Tatsächlich meldete sich der Mann mit Hauptkommissar Sowieso. Der Laptop-Mann wurde puterrot, klappte seinen Computer zu und schaute den Rest der Fahrt nur noch befangen aus dem Fenster.

Kai Scheffler, Bottrop

Im Sommer wollten wir mit einem ICE nach Berlin, wurden aber in Stendal aufgehalten. Bei unserem Gegenzug hatte es einen Personenschaden gegeben und dessen Lokführer durfte nicht mehr weiterfahren. Nun musste unser Fahrer einspringen, er wurde per Taxi zur Unfallstelle gebracht, um den anderen ICE wegzufahren. Wir hätten längere Zeit auf ihn warten müssen. Doch dann sprach ein großer Mann den Schaffner an: »Ich bin Lokführer und muss mit meiner Familie zu unserem Ferienflieger in Tegel. Lassen Sie mich den ICE bis nach Berlin fahren, wir haben gleich Check-in.«

Es dauerte keine zwei Minuten, und der Schaffner gab das Signal zum Weiterfahren – unter neuer Führung. Der Ersatzfahrer hatte wohl auch noch gute Kontakte zur Leitstelle: Trotz verspäteter Abfahrt waren wir zwei Minuten vor der planmäßigen Ankunft am Hauptbahnhof, wo die Reise dann auch endete. Bis zum eigentlichen Endhaltepunkt Ostbahnhof hatte es nicht mehr gereicht, denn das Flugzeug nach Rhodos wartete auf die Familie. Für die Fahrgäste war der Mann der Held des Tages, nur seine kleine Tochter fragte die Mama immer wieder: »Wo ist Papa?« – Die knappe Antwort der Mutter: »Der fährt den Zug!«

Thilo Nordmeyer, Berlin

Im Intercity von Bremen nach Bonn kam aus den Lautsprechern folgende Mitteilung: »Sollte jemand einen Minirock oder einen Hut vermissen, so kann er sich im Dienstabteil in Wagen 8 melden. Beides wurde auf der Toilette in Wagen 10 gefunden.«

Inga Schulz, Bonn

Im Herbst 2008 fuhr ich zusammen mit ein paar Kollegen frühmorgens mit dem Intercity nach Stuttgart. Der Schaffner war für diese frühe Stunde verdächtig gut gelaunt und machte beim Kontrollieren der Fahrscheine hier und da seine Späßchen. Ein paar Reihen hinter uns im Großraumwagen fragte er eine Dame mit Online-Ticket zur Identifikation nach ihrer ec-Karte, die er auch umgehend überreicht bekam. Als er sie dann ganz trocken noch nach ihrer PIN-Nummer fragte, nannte sie ihm umgehend ihre Geheimzahl in einer Lautstärke, dass es alle Mitreisenden deutlich hören konnten. Es wurde schlagartig still im Waggon. Der Schaffner stand regelrecht geschockt neben der Dame, der in diesem Moment dämmerte, was sie da gerade ausgeplaudert hatte.

Michael Glees, Mainz

BAHN-ABC:
Lukas, der Lokomotivführer

L

Pfeiferauchender Vorzeige-Bahnangestellter aus einem 1960 erschienenen Kinderbuch, dessen Dampflok Emma eine Vielseitigkeit an den Tag legt, die James Bonds Fahrzeuge wie Kinderspielzeug erscheinen lässt: Sie macht sich bestens als Schiff, U-Boot, Flugzeug und wird schließlich als »Perpetumobil« zur Nullenergie-Magnetbahn. Wahrscheinlich sind Lukas und Emma der Grund dafür, dass ganze Generationen von Lokführern sich ihren Job einst anders vorgestellt haben und nun immer so verdrießlich aus dem Zugfenster gucken.

Eine Fahrt im ICE von Hannover nach Freiburg. In den guten alten Zeiten – ich glaube, es war im Jahr 2006 – war das Rauchen in einem der 13 Waggons noch erlaubt. Ich hatte einen Raucherplatz reserviert und saß mit meinem Buch am Fenster. Eine Familie mit zwei circa 14 Jahre alten Kindern kam ins Abteil und machte es sich gemütlich. Mit sichtbarem Entsetzen bemerkten sie das »Raucher«-Zeichen und fragten mich: »Sind Sie etwa Raucher?« Meine Antwort war ein sanftes Nicken. Dass ich meinen Platz für 1,50 Euro reserviert hatte, dachte ich mir nur. »Würde es Ihnen etwas ausmachen, nicht zu rauchen?« Das ist emotionale Erpressung, ging mir durch den Kopf. Sich mit zwei Kindern in ein Raucherabteil setzen und dann auf unschuldig machen. Dann noch behaupten, der Zug sei voll oder so was. Aber natürlich war ich aus Rücksicht auf die Teenager einverstanden.

Allerdings nur so lange, bis diese schrecklich nette Familie vier Mettbrötchen mit Zwiebeln auspackte. Ein widerliches Zeug in geschlossenen Räumen – ich habe noch nie so viele Zigaretten am Stück geraucht. Nun, die treusorgenden Eltern haben meine Rauchwolken wohl etwas gestört. Sie standen auf, sagten zu den Kindern: »Wir sind in einem anderen Abteil, ihr passt auf die Sachen auf!«, und weg waren sie. Ich war entsetzt und stellte mein Rauchen wieder ein. Kurz vor Köln kamen diese Rabeneltern wieder rein, um die Koffer und die Kinder abzuholen.

Michael Diehr, Zürich

Ich fahre regelmäßig zwischen Stuttgart und Karlsruhe mit dem Zug und habe in Karlsruhe schon häufig die Meldung

gehört: »Die Abfahrt wird sich leider wegen einer Signalstörung um wenige Minuten verzögern.« Eines Morgens sorgte nicht allein die Signalstörung für Ärger, sondern zusätzlich der Spieltrieb meines Sohnes: Er hatte die Nummer des Zahlenschlosses an meinem Aktenkoffer verstellt. Als der Zugbegleiter zur Fahrkartenkontrolle kam, sagte ich: »Das Vorzeigen der Fahrkarte wird sich wegen einer Schlossstörung leider um wenige Minuten verzögern.« Leider fand der Zugbegleiter den Spruch viel weniger witzig als ich.

Dieter Maier

In dem wie üblich überfüllten RE1, der zwischen Aachen und Hamm verkehrt, war eine bemerkenswerte Durchsage zu hören, die so auch als Aufruf zur Selbstjustiz verstanden werden konnte: »Achten Sie auf Ihr Gepäck und Ihre Wertsachen am Körper! Es sind wieder Taschendiebe an Bord. Wenn Sie dabei einem von denen die Finger brechen: Meinen Segen haben Sie!«

Gunnar Sandkühler, Witten

Im ICE von München nach Köln, auf der Höhe von Würzburg. Der Schaffner fragt einen Fahrgast: »Sind Sie zugestiegen?« Dessen Antwort: »Nein, ich bin hier geboren!«

Haio Forler, Bonn

Freitagabend im ICE von Hamburg nach München, Großraumwagen: An einem Vierertisch sitzen vier junge Damen, blond, aufwendig gestylt und bestens gelaunt. Die lautstarke Unterhaltung kreist schon seit mehr als einer Stunde nur darum, wer in jüngerer Vergangenheit mit wem welche Beziehung hatte, wer

der Nächste sein soll, wer fremdgegangen ist und wer mit wem was macht. Die Mitreisenden tauschen schon genervte Blicke aus, Augen werden verdreht und Augenbrauen hochgezogen. Aber irgendwie traut sich keiner, etwas zu sagen, und die Damen unterhalten sich fröhlich weiter. Da steht ein älterer Herr auf, vom Aussehen her Typ hanseatischer Kaufmann: schlohweißes Haar, perfekt sitzender dreireihiger Anzug, Krawattennadel, kurz: die Seriosität in Person. Er beugt sich zu den Damen und erklärt mit fester und deutlicher Stimme: »Meine Damen, ich glaube nicht, dass es in diesem Abteil irgendjemanden interessiert, mit wem *Sie* Geschlechtsverkehr betreiben!« Vier hochrote Köpfe, Schweigen und ein Großraumabteil mit Dutzenden fröhlich grinsenden Gesichtern waren das Ergebnis.

Alexander Schinner, München

Ich hatte einmal das Vergnügen, zur Karnevalszeit im Kölner Raum mit der Bahn unterwegs zu sein. Mit mir im Abteil saß eine kleinere Gruppe kostümierter Leute, die offensichtlich auf dem Weg zu einer Feier waren. Die Stimmung war recht ausgelassen, was eine allein sitzende ältere Dame mehrfach dazu veranlasste, ihren Unmut über den Geräuschpegel kundzutun. Als kurz darauf ein Schaffner das Abteil betrat, sprach ihn einer der Feiernden mit den Worten an: »Herr Schaffner, hier ist eine Frau, die ist so unlustig, die stört uns beim Feiern.« Woraufhin der Schaffner gut gelaunt in kölschem Dialekt erwiderte: »Ja, von mir aus könnense die rausschmeißen, wenn se Sie stört.« Bis zur Endstation war kein weiteres klagendes Wort von der älteren Dame zu hören.

Monika Schröder, Höxter-Bödexen

In einem ICE, irgendwo in Süddeutschland. Der Schaffner lief durch den Gang, ihm folgte ein sehr nervöser Herr, Typ gepflegter Althippie. »Das ist wirklich nicht der IC?«, fragte er immer und immer wieder, was der Schaffner ruhig verneinte. »Aber der Zug muss in Bad Bentheim halten, da wartet meine Tochter auf mich. Der IC macht das doch immer«, war der zweite Textbaustein, den der hibbelige Passagier ständig wiederholte. Dazwischen gab es Informationen zur Familiengeschichte: Die Tochter mache gerade Abitur, man habe sich länger nicht gesehen. Der Schaffner wiederholte mit professioneller Gelassenheit, dass dies aber nun einmal ein ICE sei, der in Bad Bentheim nicht halte, und dass trotzdem noch das Ticket mit ICE-Zuschlag nachzulösen sei.

Nachdem ich kontrolliert worden war, zog das unruhige Paar weiter durch den Zug – ein nicht aus der Ruhe zu bringender Schaffner und ein quasi um ihn herumspringender Fahrgast. Kurz darauf gab es eine Überraschung: Der Zug hielt tatsächlich in Bad Bentheim.

Als ich später ausstieg, fragte ich den Schaffner, was da in Bad Bentheim denn los gewesen sei. »Na ja«, war die Antwort, »den hätte der Zug nicht länger ausgehalten. Der ist ja rumgehüpft wie ein Flummi. Und seine Tochter hat da ja auch gewartet. Wenn die genauso ist wie der Vater, dann wäre ja auch noch der Bahnhof explodiert. Die Fahrleitung hat gesagt, wir hätten Zeit, in Bad Bentheim zu halten.« – »Hat er denn sein Ticket gelöst?«, hakte ich nach. Hatte er – mit ICE-Zuschlag.

Bert Stach, Kiel

Der Regionalzug von Stuttgart nach Schwäbisch Gmünd fuhr gerade los, da kam eine Dame mittleren Alters hektisch durch den Gang gerannt. Vorne im Waggon schnappte sie sich das Mikrofon und sagte über die Lautsprecher für alle gut hörbar: »Hallo, *hallo*?!? Könnte sich bitte mal ein Bahnmitarbeiter zu mir hinbequemen? Ich habe nämlich mein Gepäck auf dem Bahnsteig liegengelassen und möchte nicht, dass es für eine Bombe gehalten wird!« Immerhin hatte sie schon mal die Lacher auf ihrer Seite.

Marcel Schlatterer, Stuttgart

Die Bahn im Kino

In einer Umfrage eines Online-DVD-Verleihs stimmten knapp 3.000 Kunden darüber ab, was für sie die besten Zugfilme aller Zeiten sind. Die ersten zehn Plätze:

1. Mord im Orient-Express (Krimi, 1974), 17,2 Prozent
2. Todeszug nach Yuma (Western, 2007), 14,8 Prozent
3. Der Polarexpress (Animationsfilm, 2004), 10,7 Prozent
4. Alarmstufe: Rot 2 (Action, 1995), 10,3 Prozent
5. Der Fremde im Zug (Thriller, 1951), 8,4 Prozent
6. Money Train (Action, 1995), 5,7 Prozent
7. Darjeeling Limited (Komödie, 2007), 5,0 Prozent
8. Nevada Pass (Western, 1975), 4,5 Prozent
9. Transsiberian (Thriller, 2008), 4,5 Prozent
10. Trans-Amerika-Express (Thriller, 1976), 4,4 Prozent

Hitzefalle Bahn: Ab 32 Grad streiken alle Klimaanlagen!
Also jetzt übertreibt die Gewerkschaft!
H&B

Kapitel 6

Die Bahn in den News: **Schwarzfahrer am Steuer**

Wenn in den Nachrichten von der Bahn berichtet wird, geht es meist um Trassenausbauten, Investitionen in neue Loks oder ausgefallene Klimaanlagen. Wir haben nach Meldungen gesucht, die noch ganz andere Seiten des Abenteuers Bahnreise beleuchten – hier finden Sie die besten Fundstücke aus den News.

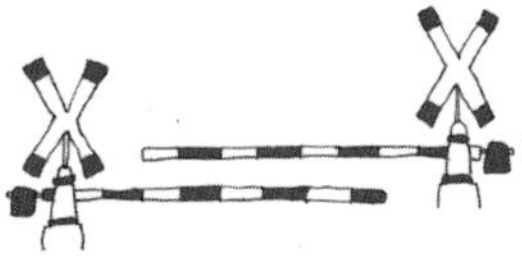

+++ Nickerchen im Führerhaus +++

Das Schöne an einer Zugfahrt ist, dass Reisende auf den gemütlichen Sitzen auch mal ein Nickerchen machen können. Das gilt selbstverständlich nicht für das Personal im Führerstand. Einem Lokführer in Taiwan war dieser Sachverhalt offenbar nicht ganz klar: Er begann bei einem Tempo von knapp 300 km/h, sanft vor sich hin zu dösen. Der Zug befand sich in der Nähe der zentraltaiwanischen Stadt Taichung. Als Kon-

trollbeamte bemerkten, dass der Fahrer nicht reagierte, alarmierten sie das Kabinenpersonal. Diesem gelang es, mit Hilfe der Automatiksysteme den Zug nach 13 Minuten Fahrt sicher in den Bahnhof von Taichung zu steuern. Hunderte Fahrgäste bekamen so überhaupt nichts von der brenzligen Situation mit. »Der Fahrer hatte Schlaftabletten genommen und war während des Dienstes nicht völlig bei Bewusstsein«, sagte ein Sprecher des Zugbetreibers. Für den Lokführer war es die letzte Fahrt mit dem Schnellzug »High Speed Rail« – anschließend war er seinen Job los.

+++ Ohne Fahrkarte im Schüler-Express +++

Ein erheblich aufgeweckterer Fahrer war dagegen ein Schüler in der russischen Stadt Slatust. Der 15-Jährige klaute Anfang Oktober 2011 während der Mittagspause eine Tram aus dem Depot. Dann lenkte er sie 40 Minuten lang fehlerlos durch die Industriestadt am Ural. Der Diebstahl blieb nicht unbemerkt. Durch das Umstellen von Weichen gelang es Mitarbeitern des Depots schließlich, die entführte Tram zu blockieren. Die Polizei beendete den Lausbubenstreich. Ein absoluter Anfänger war der Junge übrigens nicht: Er hatte bereits eine Schulstunde über das Tramfahren gehabt und das Straßenbahndepot mehrmals besucht. Obwohl niemand zu Schaden kam und die Tram absolut pünktlich unterwegs war, leitete die Polizei ein Verfahren ein. Ärgerlich für den Bahnbetreiber: Da kein Schaffner mit an Bord war, hatte der Schüler seine Fahrgäste kostenlos befördert.

+++ Kabelklau statt Kaviar +++

Alles andere als kostenfrei ist eine Fahrt im beliebten Nostalgie-Luxuszug »Blue Train« in Südafrika. In der teuersten Einzelkabine kann die 27-stündige Fahrt mehr als 2.000 Euro kosten, dafür sind sämtliche Getränke und ein Butler inklusive. Doch der beste Service bringt wenig, wenn Diebe an der Trasse ein paar Stromkabel entfernen: Anfang Dezember 2011 blieb ein Zug deshalb auf offener Strecke zwischen Pretoria und Kapstadt liegen. Die verärgerten Passagiere mussten mit einem Ersatzbus von der Ortschaft Matjiesfontein ins über 200 Kilometer entfernte Kapstadt gebracht werden. Und dann krachte auch noch die Ersatzlokomotive, die den Luxuszug zurück nach Pretoria schleppen sollte, in einen Waggon. Dabei wurde der Zug so stark beschädigt, dass Reisende mit Fahrscheinen für die Strecke von Kapstadt nach Pretoria ebenfalls auf den Bus umsteigen mussten.

+++ Pipi-Prozess gegen S-Bahn-Schaffner +++

In Südafrika fahren Butler mit, bei uns wendet man sich mit Fragen und Problemen an den Schaffner. Manchmal kommt es vor, dass ein Zugbegleiter so hilfsbereit ist, dass er dafür vor Gericht muss. In einer S-Bahn in Nordrhein-Westfalen wurde ein Passagier von so starkem Harndrang geplagt, dass er um Hilfe bat. Der patente Schaffner brachte ihn in einen (leeren) Waggon der ersten Klasse und gestattete, den dortigen Mülleimer ausnahmsweise als Pissoir zu verwenden. Die Deutsche Bahn fand so viel Pragmatismus nicht gerade erstklassig und

leitete gegen den Beamten ein Disziplinarverfahren ein, er musste 100 Euro Bußgeld zahlen. Schließlich wurde er sogar versetzt. Künftig sollte er nachts Züge im Depot bewachen, anstatt im direkten Kundenkontakt tätig zu sein. Auch in der folgenden Gerichtsverhandlung zeigten sich die Eisenbahnvertreter uneinsichtig: »Jede Verunreinigung ist zu vermeiden«, das gehöre zum Job des Beamten. Das Verwaltungsgericht Düsseldorf sah dies jedoch anders: Es habe sich um eine Ausnahmesituation gehandelt, sagte der Richter. Der Mitarbeiter habe keine andere Wahl gehabt und Schlimmeres verhindert. Das Bußgeld wurde aufgehoben und die Versetzung etwas später auch zurückgenommen.

+++ Prävention mit Tüte +++

In den Niederlanden soll es zu solchen Problemen gar nicht erst kommen: In 131 Nahverkehrszügen vom Typ Sprinter sollen bald Urinbehälter in Tütenform erhältlich sein, wie das Bahnunternehmen im Oktober 2011 mitteilte. »Sie sollen aber wirklich nur in extremen Notsituationen genutzt werden, beispielsweise wenn ein Zug auf der Strecke liegenbleibt«, sagte eine Sprecherin. Wenn einen der Passagiere in den Zügen wirklich ein dringendes Bedürfnis überkommt, soll er sich künftig einen der Beutel nehmen und in die unbenutzte Fahrerkabine am Ende des Zuges zurückziehen können. In den Beuteln befindet sich ein weißes Pulver, das zu Gel wird, wenn es mit Flüssigkeit in Berührung kommt. Nach Gebrauch können die Tüten versiegelt werden. Die Passagiere sollen im Fall der Fälle die Beutel im Zug lassen oder einfach nach dem

Aussteigen wegwerfen. Dass die »Sprinter«-Züge ohne Toiletten entworfen wurden, hatte in der Öffentlichkeit bereits zu Kritik an der holländischen Bahn geführt. Trotzdem regte sich gegen die Idee der Bahn heftiger Widerstand. Eine Frau sagte im Fernsehen: »Meinen die das ernst? Ich kann mir nicht vorstellen, da reinzumachen.« Außerdem verwies die Frau auf den Geschlechterunterschied: »Für einen Mann mag das ja gehen, für eine Frau ist es einfach unmöglich.« Auch empörte Zugführer meldeten sich zu Wort: Sie wollen nicht, dass ihr Arbeitsplatz zur Toilette wird.

+++ Boa an Bord +++

Ein bisschen Harndrang ist wohl ein vergleichsweise geringfügiges Problem im Vergleich zu einer zwei Meter langen Würgeschlange, die sich durch den Gang windet. So geschehen im Januar 2012 in einem französischen TGV-Hochgeschwindigkeitszug auf dem Weg von Paris nach Marseille. Die Boa constrictor entkam aus ihrer Transportbox und nutzte die neugewonnene Freiheit, um auf Entdeckungstour zu gehen. Nach Zeugenaussagen streifte die Schlange sogar einige Fahrgäste an den Füßen, bevor sie schließlich in einem Lüftungsschacht verschwand. In Marseille herbeigeeilte Feuerwehrmänner brauchten rund eine Stunde, um das nun friedlich vor sich hin dösende Tier zu finden und einzufangen. Sie übergaben die rund 25 Kilo schwere Schlange dem Besitzer, einem Reptilienfan, der den Transport der Schlange ordnungsgemäß angemeldet hatte. Bis zu ihrem Ausbruch reiste sie mit einer weiteren Boa constrictor in der Plastikbox.

+++ Kamikaze-Krähen auf Rügen +++

Selbst erheblich kleinere Tiere können Ärger für Züge bedeuten – objektiv betrachtet ist es umgekehrt: Die Züge bringen Ärger für die Tiere, die bei einem direkten Kräftevergleich gewöhnlich unterlegen sind. Manchmal reichen schon zwei zu allem entschlossene Krähen aus, um den Verkehr massiv zu behindern. Auf der Ostseeinsel Rügen flogen die beiden Tiere im Juni 2011 beim Raufen oder Balzen – darüber gab es im Nachhinein reichlich Spekulationen – in eine Oberleitung. Dadurch wurde ein Stromschlag ausgelöst, der einen Isolator zerstörte und den Fahrdraht zerriss. Das Ende der Stromleitung schlug auf dem Haltepunkt Teschenhaben auf, Menschen wurden dabei nicht verletzt. Die Bahnstrecke zwischen Bergen und Samtens musste stundenlang eingleisig gesperrt werden, es kam zu erheblichen Zugverspätungen. Die armen Krähen erlebten die Konsequenzen ihrer Tat nicht mehr – sie verbrannten durch den Stromschlag.

+++ Vorsicht, kratzende Kiwi-Katze +++

Irgendwie tröstlich ist die Tatsache, dass beim Aufeinandertreffen von Mensch und Tier nicht immer der Kleinere den Kürzeren zieht: Im November 2010 sorgte eine streunende Katze, die sich in einen Zug geschlichen hatte, in Neuseelands Hauptstadt Wellington für Chaos im Bahnverkehr. Als der Lokomotivführer die Katze einfangen wollte, kratzte das Tier diesen so sehr, dass er ärztlich behandelt und durch einen anderen Fahrer ersetzt werden musste. Der Zugverkehr in der

Hauptstadt musste deshalb zeitweise komplett unterbrochen werden. Der Sprecher der Bahngesellschaft KiwiRail sprach von einem »sehr ungewöhnlichen« Vorfall. Der Fahrer habe ihm gesagt, er arbeite seit vier Jahrzehnten bei der Bahn, aber nie zuvor sei er von einer Katze angegriffen worden. Der blinde Passagier sei eingefangen worden, nun werde der Besitzer gesucht. Angst vor einer Strafe brauche der Katzenhalter nicht zu haben, wie der Sprecher betonte: »Wir versichern, dass wir kein Bußgeld von ihm verlangen werden.«

+++ Trittbrettfahrer im Nachtzug +++

Ein menschlicher blinder Passagier brachte im Februar 2012 keine Bahnmitarbeiter, sondern vor allem sich selbst in große Gefahr. Er hatte kein Geld für die Fahrt im Nachtzug von Berlin nach Amsterdam, deshalb versteckte er sich auf dem Trittbrett der Lokomotive. Zufällig entdeckte eine Zugbegleiterin den 26-Jährigen dort bei Tempo 200. Da war der »Euronight« schon eine halbe Stunde unterwegs. Der blinde Passagier kauerte hinten an der Lok und hielt sich an einem Haltegriff fest. Die Mitarbeiterin habe ihren Augen nicht getraut, sagte ein Polizeisprecher. Sie habe umgehend den Lokführer alarmiert. Der Zug legte daraufhin in der Nähe von Rathenow in Brandenburg einen Nothalt ein. Das Personal holte den völlig durchgefrorenen und erschöpften Mann ins Innere des Nachtzuges, ließ ihn in einem Abteil schlafen und übergab ihn in Hannover der Polizei.

Die Fahrt des 26-Jährigen war nicht nur illegal, sondern auch extrem gefährlich. »Er hat sich vermutlich nicht klarge-

macht, dass er sein Leben aufs Spiel setzte«, sagte der Polizeisprecher. Ein ähnlicher Fall, bei dem ein blinder Passagier bei eisiger Kälte und extrem hohem Tempo außen an einem Zug mitfuhr, sei zumindest bei der Bundespolizei in Hannover nicht bekannt.

Hätten Sie's gewusst?

Auf www.bahn.de gibt es einen Lehrgang, bei dem der User üben kann, einen Fahrkartenautomaten zu bedienen. In insgesamt zehn Lektionen erklärt eine Frauenstimme, die stark nach Auto-Navigationssystem klingt, zum Beispiel Folgendes: »›Hin- und Rückfahrt‹ wählen Sie, wenn Sie eine Fahrkarte für eine Hin- und Rückfahrt kaufen möchten.«

Am 19. Dezember 2010 sorgte die Deutsche Bahn mit einem ziemlich ungewöhnlichen Rat für Aufsehen: Sie empfahl aufgrund der durch ein Schnee- und Flughafenchaos überfüllten Züge, an diesem Tag nach Möglichkeit nicht mit der Bahn zu fahren.

Der wohl größte Werbeskandal in der Geschichte der Deutschen Bahn war ein Plakat, das eine (ziemlich lebendig aussehende) Frauenpuppe mit entblößter Brust zwischen Strohballen zeigte. Die Überschrift dazu: »Bahn-Stückgut lässt keine Wünsche offen«.

Ebenfalls wenig Geschmack bewies die Werbung eines Bestattungsunternehmers, der an einer Berliner U-Bahn-Haltestelle mit dem Spruch »Kommen Sie doch näher« um Kundschaft buhlte. Das Plakat war so platziert, dass man aufs Gleis hätte laufen müssen, um näher dran zu sein.

Ein Online-Sprachportal brachte im Jahr 2011 einen Englischkurs speziell für Mitarbeiter der Bahn mit dem Titel »Train English« heraus.

Ach ja: 91% der deutschen Bahnfahrer freuen sich über Durchsagen in schlechtem Englisch. Also tun Sie Ihnen doch den Gefallen!
DB
H&B

Kapitel 7

Durchsagen auf Englisch: **»Kiip se gängs fry!«**

Die Deutsche Bahn und die englische Sprache: Seit Jahrzehnten ist das eine Kombination, die nicht so recht zusammenpassen will. Und das nicht nur, wenn es um Fehler und Versprecher bei Ansagen im Zug geht. Schon 1972 sorgte die Werbekampagne »Go easy Go Bahn« dafür, dass sich so manchem die Nackenhaare aufstellten. Sie richtete sich an Jugendliche zwischen 10 und 21 und sollte beweisen, dass die Deutsche Bundesbahn ein ganz schön abgedrehtes Unternehmen ist, voll easy und very crazy. Angeboten wurden vergünstigte Tickets für Jugendliche, Disco-Zugfahrten sowie Slogan-Limonadendosen und -T-Shirts. Sogar ein passender Song wurde von einer Gruppe namens »Joy Unlimited« aufgenommen. Ein paar Textzeilen daraus: »Komm doch mit uns, wir kennen den Plan/ Steig bei uns ein, Go easy Go Bahn. Nutz deine Zeit, eh' sie ganz vertan / Steig bei uns ein, Go easy Go Bahn.«

»Englisch bei der Deutschen Bahn war Quatsch vom ersten Tage an«, sagte Wolf Schneider, Sprachexperte und Autor zahlreicher Lehrbücher, einmal der »Bild«-Zeitung. Denn »Go easy« war erst der Anfang: Bald hießen Bahnschalter Counter, Auskunftsstellen Service Point und Kurzzeitparkzonen Kiss & Ride. Wer am Bahnhof in München, Köln oder Freiburg eilig

nach dem Klo sucht, kann erst Erleichterung finden, wenn er kapiert, dass es sich bei »McClean« nicht um einen Wäscheservice handelt. Wegen so viel Missachtung des Deutschen verlieh der Verein zur Wahrung der deutschen Sprache gleich zwei Bahnchefs den Titel »Sprachpanscher des Jahres«.

Im Februar 2010 schrieb ein BBC-Reporter in einem Artikel, dass er sich in Deutschland durch die vielen englischen Ausdrücke wie bei der British Rail fühle – »wären da nicht die Würstchenverkäufer und Brezelstände«. Bahnchef Rüdiger Grube versprach schließlich Abhilfe: Er verbannte zumindest einige Anglizismen aus dem Sprachgebrauch seines Unternehmens und ordnete an, dass Durchsagen während der Fahrt nicht mehr vor jedem Provinzbahnhof auch ins Englische zu übersetzen seien. Keine Chance mehr für »Go Bahn« also – eine Werbekampagne mit dem Slogan »Geh einfach, geh Bahn« wird es aber wohl trotzdem nie geben.

Einmal hatte ich auf einer Fahrt von Berlin nach Köln im ICE vor jedem Stopp das Vergnügen folgender Durchsage: »Ladies and gentlemen, we apologize for any conveniences.« (Auf Deutsch: Meine Damen und Herren, wir bitten, alle Annehmlichkeiten zu entschuldigen.) Vor dem Hintergrund so einiger in den Wochen davor in der Presse berichteten Pannen der Deutschen Bahn war diese Ansage von besonderem Witz. Wir

Reisenden grinsten uns schon vor jedem Bahnhof an, die Fahrt wurde erheblich kurzweiliger.

Heinz-Josef Vendel, Brühl

Kurz vor Köln gab es dann noch ein englisches Leckerli des sehr sympathischen Schaffners: »Leh än schännelmen, we häf nau fifi minut dielät, the S-Bahn to Aachen, Horrem, Düren not be rietscht, Taxi … Gutschein!«

Steffen Schmitz, Köln

In einem Intercity in der Nähe von Nürnberg. Zunächst kam die Ansage in der deutschen Fassung mit deutlich bajuwarischem Zungenschlag: »Wochenendtickets sind in diesem Zug nicht gültig.« Dann die beruhigende englische Übersetzung: »Ze weekend tickets in zis train are not … äh … guilty!« (Die Wochenendtickets sind nicht schuldig!)

Tim Romberg, Brüssel, Belgien

Irgendwo auf der Strecke zwischen Stuttgart und Berlin wurde durchgesagt: »Tu se dschäntelmän hu ordert se Bistro Baguette, your Bistro Baguette is räddi.« Großartig, der halbe Zug war aus dem Häuschen.

Joerg Hildenbrand, Berlin

Aus der Zeit, als es in den Ansagen noch »Thank you for traveling with Deutsche Bahn« hieß (statt »choosing«): Ich stieg in einen schon 60 Minuten verspäteten ICE ein. Der Zugbegleiter wiederholte unbeirrt nach jedem Bahnhof seine Ansagen. »Wegen Verzögerungen im Betriebsablauf …«, »Wir

entschuldigen uns für die entstandene Verspätung ...«, »Ihre nächsten Anschlussmöglichkeiten Richtung München ...« Dann sagte er ebenso tapfer noch mal alles in klassischem Bahn-Englisch: »We apologize for the inconvenience ... thank you for traveling with Deutsche Bahn.«

Aber irgendwann, die Verspätung näherte sich inzwischen 120 Minuten und die Stimmung der Reisenden war am absoluten Nullpunkt, hielt der Zugbegleiter selbst nicht mehr durch. Seine Ansage klang immer gehetzter, genervter, müder. Er ließ Informationen aus, stolperte über die Wörter, und bei der letzten Ansage, die ich hörte, hieß es am Ende nur noch: »We apologize for traveling with Deutsche Bahn.« Entschuldigung angenommen: Der Spruch war die Wartezeit wert.

Leonie Olesch, Freiburg

BAHN-ABC:
Meine Fahrgäste

M

Teil der Begrüßungsfloskel des Lokführers, die durch ein eingeschobenes »sehr verehrten« zu verhindern sucht, dass den Passagieren klarwird, wie absurd dieser Besitzanspruch ist. Als unpassend wird empfunden, im Gegenzug das Personal mit »Mein sehr verehrter Schaffner«, »Meine liebe Zugbegleiterin« oder »Mein Lokführer« anzusprechen.

Auf einer Fahrt zwischen Hamburg und Bremen informierte die Zugchefin über Anschlussmöglichkeiten am Bremer Hauptbahnhof. Dabei nannte sie eine falsche Uhrzeit und korrigierte sich sogleich. Bei der anschließenden Durchsage in (wirklich gutem!) Englisch hielt sie sich hundertprozentig an das deutsche Original: Sie baute den gleichen Fehler auf Englisch ein, um sich dann wieder zu korrigieren.

Eike Dämmig, Tarp

Eine skurrile Bahndurchsage hörte ich auf der Fahrt mit einem Intercity von Hamburg nach Köln. Im Anschluss an einen Zwischenstopp wurde den Fahrgästen nicht nur in zweifelhafter Aussprache das Croissant-Frühstück im Bordrestaurant empfohlen, sondern sie erfuhren auch, dass beim letzten Halt der Mann mit der mobilen »Snake-Bar« zugestiegen sei. Na denn: Guten Appetit!

Jörn Bullwinkel, Hamburg

Eine Durchsage im ICE, die ich zu Fußballweltmeisterschaftszeiten 2006 in Göttingen erlebt habe: »Meine Damen und Herren, bitte beachten Sie: Wagen Nummer 1 bis 6 fahren weiter nach Hamburg, Wagen Nummer 7 bis 11 verbleiben in Göttingen.« Dann das Ganze auf Englisch: »Ladies and gentlemen, coaches number 1 to 6 go to Hamburg, coaches number 7 to 11 believe in Göttingen.«

Wolfgang Schenke, Speyer

Auf der Strecke zwischen Hannover und Wolfsburg kam es durch einen Zugausfall zu einer gehörigen Verspätung. Einen

Teil der Strecke legten wir mit Ersatzbussen und den Rest mit einem neu eingesetzten Intercity zurück. In diesem verteilte die Zugbegleiterin schon Fahrgastrechteformulare. Als ein ausländischer Reisender auf Englisch fragte, was das denn sei, kam die hilflose Antwort der Zugbegleiterin: »Ähm, Fahrgastrechte – this word I don't know.«

Nadine Steinhardt, Wolfsburg

Ich habe mal folgende Durchsage gehört: »Mein Name ist Koch. Ich begrüße Sie im ICE auf der Fahrt nach Frankfurt!« Die Durchsage auf Englisch begann er mit den Worten: »My name is Cook.«

Günter Veith, Weilrod

Durchsage in einem Zug der Deutschen Bahn irgendwo zwischen Holland und der Schweiz: »Meine Damen und Herren, bitte halten Sie die Gänge frei.« Okay, ein paar Fahrgäste entfernen ihr Gepäck von den Gängen. Dann versucht es der Zugführer auf Englisch: »Leidiiis änd tschentlmään, äääähm äääähh, pliiis äh pliiis äääähm ... kiiip the äääh GÄNGS ähhm FRY!« Ja natürlich, gerne halten wir die Banden fritiert.

Maria Wieland, Biel

Lustig war die Ansage eines Schaffners, als der Zug in den Bahnhof »Jena Paradies« einfuhr. Im englischen Teil seiner Durchsage wurde daraus »Dschiina Pärädeiß«. Klingt »Gina Paradise« nicht irgendwie nach einer Porno-Darstellerin?

Rüdiger Becker, Berlin

Auf der Fahrt von Wien nach Dresden: »Ladies and gentlemen, se high-water is se ground for our delay from forty minutes. Please be sorry for that.«

Domi Premauer, München

BAHN-ABC:
Nachtzug

N

Hervorragende Möglichkeit für Schüchterne, mit großer Sicherheit am nächsten Morgen unter oder über einem fremden Menschen aufzuwachen. Risiken und Nebenwirkungen der Reise im Zweierabteil: schnarchende oder übermäßig redselige Mitschläfer, labbrige Frühstücksbrötchen sowie schwere Fingerquetschungen beim Versuch, das obere Bett am Morgen ohne Hilfe des Schaffners zusammenzuklappen.

Englische Formulierungen geraten den Schaffnerinnen und Schaffnern ja manchmal etwas nuschelig oder verkürzt. Den prägnantesten Fall erlebten wir im ICE zwischen Frankfurt und Basel, wo der Ansager vor jedem Bahnhof sagte: »In e fju minitts wischelfitt Karlsruhe.« – »In e fju minitts wischelfitt Freiburg.« Erst nach einigem Rätseln wurde uns klar, dass es sich wohl um eine Kurzform von »we shall arrive at« handeln dürfte. Aber ganz sicher waren wir uns nicht.

Reinhard Wendler

Ich befand mich in einem Regionalzug von Luxemburg nach Trier. Vor der Einfahrt in den nächsten Bahnhof mit Halt machte das Zugpersonal die Durchsage jeweils erst in deutscher, dann in englischer Sprache. Als sich der Zug dem Grenzort Wasserbillig näherte, ertönte aus dem Lautsprecher die Durchsage: »Nächster Halt: Wasserbillig – next stop: Cheap Water.«

Monika Klein, Hamburg

Im ICE von München nach Berlin. Der Schaffner kontrollierte die Fahrscheine bei einer Familie hinter mir, die nur Englisch sprach. Der Vater sagte dem Schaffner, dass seine Frau die Fahrscheine habe, aber gerade im Speisewagen sei. Der Schaffner antwortete im besten sächsischen Englisch: »Okay, I guck leder«. Das klang wie »I cook later«. Ich war überrascht, wie weit die Personaleinsparungen bei der Bahn mittlerweile gehen, wenn der Schaffner jetzt auch noch kochen muss.

Andreas Ziska, Berlin

Im Sommer 2010: Der deutschen Durchsage folgte kurz vor Berlin Hauptbahnhof: »Shortly we will arrive in Böörlin Äitsch-bie-eff!«

Wilhelm F. Weidmann, Kassel

Ich saß in einem Zug vom Frankfurter Flughafen nach Köln, da war die Ansage zu hören:

»Meine Damen und Herren, wir erreichen in Kürze Köln Hauptbahnhof. Der Zug wird hier geteilt.« Dann auf Englisch:

»Ladies and gentlemen, we will now reach Cologne central station. The train will be broken here. Säng ju for träwelling wiss Deutsche Bahn!«

Daniel Bird, Köln

Durchsage im ICE von Hamburg nach Berlin: »Thank you for shooting Deutsche Bahn. Goodbye.«

Susanne Steindamm, Hamburg

Meine Lieblingsdurchsage ist diese hier: »Sorry for traveling with Deutsche Bahn!«

Tobias Utikal, Stuttgart

»Einen wunderschönen guten Tag, Sir!«, »Welcome to se Deutsche Bahn!« – so schallte es mir einmal in der Weihnachtszeit in einem ICE entgegen. Ein junger, schlanker Mann Mitte zwanzig mit kurzen blonden Haaren strahlte mich an, als ob es sein Hochzeitstag wäre. In seinem Enthusiasmus nutzte er jede Gelegenheit, sich am Mikrofon zu melden und den Fahrgästen mit starkem sächsischen Akzent etwas mitzuteilen. Ich hatte gehofft, noch ein wenig arbeiten und später ein Nickerchen halten zu können. Weder der einen noch der anderen Tätigkeit sollte ich schlussendlich nachkommen.

Der junge Mann unterbrach jede Ruhepause nach einigen Minuten, kündigte mehrfach das lecker mundende Schnitzel mit Bier und Nachtisch im Speisewagen sowie Snacks und weitere Getränke an. Bei jeder Ansprache wünschte er höflich einen guten Tag und verabschiedete sich stets überschwänglich, wodurch sich die Ansagen stark in die Länge zogen.

Kaum war er verstummt, kaum versuchte ich, die Augen zuzumachen, kam die nächste Information. Man war kurz gewillt, irgendetwas in Richtung des Lautsprechers zu werfen. Doch der konnte ja auch nichts dafür. Der Fahrgast-Entertainer hielt uns auf Trab, schon bald wurde jede neue Wortmeldung von der Mehrzahl der Mitfahrenden entweder mit einem breiten Grinsen oder einer verzweifelten Grimasse quittiert.

Nach etwa einer Stunde füllte sich der Zug zusehends, die Luft wurde stickiger. Der grauhaarige Angestellte eines Maschinenbauunternehmens mir gegenüber klappte entnervt den Laptop zu und versuchte, sich mit Kopfkissen und Ohrstöpseln den Störungen zu entziehen. Vor dem jungen Sachsen gab es jedoch kein Entrinnen. Der plauderte so fröhlich weiter, dass sich kein Fahrgast traute, ihn beherzt anzusprechen und zu bitten, es ein wenig ruhiger anzugehen.

Stotternd versuchte er sich nun auch auf Englisch, was dank des starken Akzents gründlich danebenging. Mir tat das besonders in den Ohren weh, da ich halber Brite bin – deshalb winkte ich ihn zu mir. Ich sagte ihm, dass er seine Aussprache optimieren könne. Zu meinem Erstaunen fühlte er sich keineswegs auf den Schlips getreten und kramte aus seiner Bahner-Jacke einen Notizblock hervor. Dann strahlte er mich erwartungsvoll an. Ich musste mich kurz sammeln, weil mir klarwurde, dass ich mich soeben in den Mittelpunkt des Geschehens katapultiert hatte und sämtliche Passagiere uns beobachteten.

Möglichst höflich versuchte ich dem Schaffner zu erklären, wie er sich ausdrücken könne. Gespannt beugte er sich hinab zu mir und kritzelte fleißig in seinem Block. Gespannte Stille

herrschte im Waggon, es war fast schon gespenstisch. Endlich Ruhe. Halt, zu früh gefreut: Plötzlich sprang der junge Mann auf. Vor lauter Lerneifer hätte er fast seine Ansage vergessen. Bei der folgenden Ansprache nahm er zuallererst höflich Bezug auf meinen Hinweis. Ich sank tiefer in den Sitz vor Scham, zur Begeisterung einiger Mitfahrer, die mir auf die Schulter klopften. Die Aussprache wurde leider keinen Deut besser, sie sorgte für noch mehr Belustigung. Nach jeder Ansage kam er vorbei, um zu fragen, ob er sich denn verbessert habe. So viel Motivation bringe ich nicht mal an Weihnachten zur Großfamilie mit – meine Hochachtung. Man hatte dem Bahnbediensteten einen Platz neben mir eingeräumt, obwohl das Abteil völlig überfüllt war, damit wir unserem Englischunterricht nachkommen konnten. Die Freude war mittlerweile jedes Mal groß, wenn der junge Herr wieder strahlend um die Ecke schoss.

Bei mindestens zehn Durchsage-Versuchen musste ich ihm stets mit einem Kopfschütteln signalisieren, dass keine Besserung zu hören war. So ehrlich war ich nun doch und hoffte, ihn nicht zu kränken. Etwas geknickt schaute er schon drein, doch dann hatte er eine Idee: Ich solle doch die Ansagen mit ihm gemeinsam machen, schlug er zur großen Erheiterung meiner Abteilgenossen vor. Da musste ich jetzt wohl durch, nervös folgte ich dem Schaffner. Ich muss ausgesehen haben wie ein Esel im Regen. Über Passagiere und Taschenstapel steigend, arbeiteten wir uns zum Zugleiterabteil vor. Über das Mikrofon stellte er mich den Zuhörern vor. Ich sackte als Häufchen Elend in mich zusammen und wünschte mich ganz weit weg. Zögernd nahm ich dann doch das Mikrofon und

übersetzte, was er gesagt hatte. Als ich mit gefühlt faustdicken Schweißperlen auf der Stirn zurück in mein Abteil kam, wurde ich mit begeisterten Ovationen empfangen.

Von da an wurde ich für jede Ansage abgeholt und klatschend begleitet. Ich bin mir ganz sicher, dass kein Passagier mehr an Arbeit oder Schlaf denken konnte. Auch meine Arbeitsmoral war dahin – dafür hatte ich den Fahrgästen wohl eine höchst unterhaltsame Fahrt und Weihnachtsgeschichte beschert.

Julian Certain, Hamburg

Verstehen Sie Bahnhof?

So fragen Sie im Ausland nach dem Weg zum Bahnhof:

Chinesisch: Huŏchē zhàn zài nălĭ?
Finnisch: Miten pääsen juna-asemalle?
Französisch: Comment est-ce que je fais pour aller à la gare?
Italienisch: Come si arriva alla stazione?
Polnisch: Jak się mogę dostać do stacji kolejowej?
Russisch: Как добраться до вокзала? (Kak dobratsja do woksala?)
Schwedisch: Var finns tågstationen?
Spanisch: ¿Dónde está la estación de trenes?
Tschechisch: Jak se dostanu na nádraží?
Hindi: Railway station kaha hain?

Sehr geehrte Reisende, eine erfreuliche Meldung: Der ICE nach Amsterdam konnte vor wenigen Minuten doch planmäßig abfahren!
ABFAHRT
ANKUNFT
H&B

Kapitel 8

Totaler Bahnsinn: **»Es befindet sich ein Lokführer auf den Gleisen!«**

Wolfsburg? War da was? Die niedersächsische Stadt hatte 2011 schlechte Karten bei der Deutschen Bahn: Innerhalb kurzer Zeit sausten dreimal ICE-Züge an ihrem Bahnhof vorbei, ohne zu halten. Sowohl die zum Aussteigen bereiten Passagiere im Zug als auch die wartenden auf dem Bahnsteig machten große Augen, ihre Reisepläne waren mit dem ausgefallenen Halt im Eimer. Während beim ersten Mal der Lokführer erst in Berlin-Spandau wieder auf die Bremse stieg, konnten die Fahrgäste bei den weiteren Pannen immerhin schon in Stendal aussteigen. Eine Regionalbahn in Gegenrichtung beziehungsweise ein Bus brachte sie von dort nach Wolfsburg zurück, mit einer Verspätung von bis zu eineinhalb Stunden.

Die scheinbare Vergesslichkeit der ICE-Fahrer amüsierte die Republik, die benachbarten Städte reagierten mit Häme, und in der links liegengelassenen Autostadt gab man sich verschnupft: »Wolfsburg ist Niedersachsens größte Industriestadt und mit Recht ICE-Halt«, protestierte Oberbürgermeister Rolf Schnellecke gegen die Vernachlässigung. Der VfL Wolfsburg versuchte es etwas humorvoller mit Lockmitteln und bot Lokführern Freikarten für ein Bundesliga-Heimspiel an.

Schließlich zeigte sich die Bahn angemessen geknickt – ein Vorstandsmitglied eilte persönlich ins Wolfsburger Rathaus und entschuldigte sich bei Stadt und Fahrgästen. Dabei war wohl nur der erste Lokführer, der im Juni Wolfsburg ignorierte, schusselig. Die anderen beiden ausgelassenen Halte sollen laut Bahnsprecher der Bürokratie zum Opfer gefallen sein: Jeder Zugführer habe einen elektronischen Fahrplan und dazu einen auf Papier, auf dem unter anderem Baustellen vermerkt seien. Beim Übertragen des Papierplanes in das elektronische System sei Wolfsburg schlichtweg vergessen worden. Eine »seltene Verkettung unglücklicher Umstände«, hieß es. Leider nicht selten genug – seitdem müssen sich alle ICE-Fahrer bei der Transportleitung rückversichern, falls der elektronische Fahrplan im Cockpit keinen Stopp ansagt.

Allerdings müssen die Wolfsburger es nicht persönlich nehmen, dass der ein oder andere ICE sie einfach ignoriert. Verpasste Halte kommen häufiger vor, als bekannt wird. Als zur gleichen Zeit Celle in Niedersachsen einfach ausgelassen wurde, musste ein Bahnsprecher zugeben: »Eindeutig ein Versehen des Lokführers.« Also doch etwas vergesslich, die Bahnmitarbeiter?

Von verpassten Bahnhöfen, schlafenden Lokführern und anderen skurrilen Vorkommnissen auf Zugreisen erzählen auch die folgenden Anekdoten.

Im Autozug von Hamburg nach Verona morgens beim Frühstück. Im Abteil ertönt die Durchsage: »Kai-Uwe Hinrichs … Kai-Uwe Hinrichs, Abteil zehn, Beeilung! Dein Ei wird kalt!«

Sonja Grunwald, Lübeck

Vor Abfahrt meines Regionalexpresszuges wurde uns eine filmreife Knutschszene des Lokführers mit seiner Zugbegleiterin präsentiert. Im Führerstand des Zuges näherten sich die beiden und vertieften sich in einen langen, langen Kuss. Sie wussten nicht, dass von vorne die Sonne hineinschien und die Reisenden wie bei einem Scherenschnitt diesen hinreißenden Vorgang beobachten konnten. Gehört das zum Unterhaltungsprogramm der Bahn?

Heiko Thaden, Nordenham

Wir fuhren von Bremen nach Hamburg, als unser Zug auf einmal auf offener Strecke anhielt. Ein Schaffner erklärte: »Sehr geehrte Reisende, wir mussten leider einen außerplanmäßigen Stopp einlegen, da der Zug ein Reh überfahren hat.« Die Fahrgäste machten Witze, dass der Schaffner als Nächstes das Wildgulasch »Hubertus« im Bordrestaurant empfehlen werde. Als der Zug dann weiterfuhr, dachten wir, dass das Rehproblem gelöst sei.

Kurz nach Hamburg-Harburg hielten wir jedoch erneut an. Eine Durchsage verkündete: »Das Reh, das sich bisher vor dem Zug befunden hat, hängt nun unter dem Zug. Da ein Bauteil abzureißen droht, müssen wir leider verlangsamt weiterfahren. Der Zug endet beim nächsten Halt: Hamburg Haupt-

bahnhof.« Wir waren fast die komplette Strecke mit einem Reh als Galionsfigur gefahren!

Fabian Lang und Friederike Höffmann, Hamburg

Bei einer Fahrt von Hamburg nach Fulda im ICE hörte ich die hübsche Ankündigung, soeben sei »unsere ofenfrische Brezelverkäuferin zugestiegen«. Das löste bei mir (allein unter lauter humorlosen Anzugträgern) schon einen Lachanfall aus. Die Erheiterung steigerte sich allerdings noch, als die besagte Verkäuferin dann erschien: Sie war ein paarmal zu oft im Solarium gewesen und sah für meinen Geschmack ein bisschen zu knusprig aus.

Antje Soleimanian, Hamburg

In einem ICE von Mannheim nach Hamburg kam es kurz hinter Dortmund zu einem Halt auf freier Strecke. Die Lautsprecherdurchsagen berichteten von einem Personenunfall und wurden danach immer häufiger und hektischer. Nein, die Weiterfahrt sei immer noch nicht möglich, die Staatsanwaltschaft ermittele noch, und so weiter. Schließlich krächzte der Lautsprecher, und nach der Begrüßung »Verehrte Fahrgäste« dudelte im Hintergrund plötzlich die äußerst passende Titelmelodie des Films »Spiel mir das Lied vom Tod«. Als ich den Schaffner später vorsichtig fragte, was denn diese musikalische Untermalung des Personenunfalls zu bedeuten habe, sagte er: »Es tut mir leid, aber das war mein Handy.«

Henning Weede, Hamburg

Auf einer Fahrt von Bremen nach Hamburg hielt der Intercity auf freier Strecke, und der Zugchef teilte uns mit (übrigens in schönster Hamburger Mundart): »Wir halten außerplanmäßig aufgrund eines Geisterfahrers. Den wollen wir doch erst einmal vorbeilassen, bevor wir unsere Fahrt fortsetzen.« Daran hatten wir nichts auszusetzen.

Eike D., Tarp

BAHN-ABC:
Oshiya

O

Japanischer U-Bahn-Mitarbeiter, dessen Aufgabe darin besteht, mit einigem Kraftaufwand Passagiere in überfüllte Waggons zu schieben. Früher lautete die verharmlosende offizielle Job-Bezeichnung »Ryokako Seiri Gakari« – »Passagier-Verteilungs-Mitarbeiter«. »Oshiya« ist dagegen deutlich treffender – das heißt auf Deutsch »Drücker«.

Nur knappe 200 Meter nach der Abfahrt aus dem Langenfelder Bahnhof im Rheinland hielt der altersschwache Zug der Linie S6 wieder an. Der Lokführer meldete sich: »Meine Damen und Herren, meine Dienstzeit ist weit überschritten, ich kann einfach nicht mehr! Ich mache jetzt Feierabend. Auf Wiedersehen!« Ich schaute verdutzt aus dem Fenster und sah den Lokführer in Richtung Straße davonlaufen. Da standen wir nun. Nach rund 20 Minuten hielt eine Rangierlok neben

unserer Lokomotive, ein Lokführer kletterte herüber und begrüßte uns: »Guten Tag, meine Damen und Herren, ich bin der Ersatzlokführer, wir werden die Fahrt jetzt unverzüglich fortsetzen!«

Fabian, Langenfeld

Nach einem viel zu langen Arbeitstag saßen mein Kollege und ich endlich in der Regionalbahn von Achim nach Bremen. Er schaute nervös auf die Uhr: »Hoffentlich kommen wir pünktlich an. Sonst kann ich meinen Anschlusszug vergessen, und nachts fährt da nichts mehr.« Wir hatten Glück und erreichten pünktlich den Bremer Bahnhof – die Türen unseres Zuges blieben aber verriegelt! Draußen wurden die Gesichter der Wartenden zunehmend ratloser, drinnen zunehmend wütender. Nach über einer Viertelstunde gingen endlich die Türen auf.

Was war passiert? Der Lokführer hatte es eilig gehabt, in den Feierabend zu kommen, und war im Bahnhof aus der Lok gesprungen, ohne zuvor die Türen zu entriegeln. Die Ablösung traf erst nach 15 Minuten ein. Das hilflose Gestikulieren des Bahnpersonals brachte meinem Kollegen seinen Anschlusszug auch nicht mehr zurück.

Marco Jaß, Bremen

Der ICE nach Hannover blieb plötzlich auf offener Strecke stehen. Nach einigen Minuten meldete sich ein Zugbegleiter zu Wort: »Meine Damen und Herren, bitte entschuldigen Sie die Verzögerung. Es befindet sich eine unbefugte Person auf den Gleisen.« Die ersten Reisenden begannen, sich über den vermuteten Selbstmörder aufzuregen. Dann teilte der Zugbe-

gleiter mit: »Die unbefugte Person auf den Gleisen ist unser Lokführer.« Wenige Minuten später ging es weiter.

Nina-Maria Haupt

Nachdem der ICE nach Frankfurt am Main bereits mehrere Minuten auf freier Strecke gestanden hatte, hörte ich diese Durchsage: »Sehr verehrte Fahrgäste, wir befinden uns hier in einem eingleisigen Streckenabschnitt und müssen den entgegenkommenden ICE vorbeilassen.« Glücklicherweise war es dann doch kein eingleisiger Streckenabschnitt, denn der entgegenkommende ICE konnte problemlos passieren.

Dieter Lau, Berlin

Ankündigung im Regionalexpress von Frankfurt nach Würzburg: »Meine Damen und Herren, um 20.31 Uhr erreichen wir Aschaffenburg auf Gleis 6. Sie haben unter anderem Anschluss an die Regionalbahn nach Mainz über Darmstadt. Dieser Zug wartet an Gleis 3 bis 20.30 Uhr auf Sie.«

Markus Rauch

Im Schienenersatzverkehr von Leer nach Hannover: Der Bus war ziemlich leer, und zwei Mädchen mit laut dudelnden Handys standen dicht an der hinteren Tür. Nach zehn Minuten wollte der Bus nach einem Stopp wieder losfahren, doch die Tür hinten schloss nicht. Die leicht genervte Durchsage des Fahrers: »Würden Sie bitte den Türbereich verlassen, die Tür schließt nicht, und wir stehen hier in der Kälte rum.« Die Mädels gingen kurz aus dem Türbereich raus und stellten sich nach Türschließung wieder rein. An der nächsten Haltestelle

das gleiche Spiel. Der Busfahrer sagte verkrampft nett: »Die beiden Damen im Türbereich, bitte weg da, das ist verschwendete Zeit.« Die beiden gingen aus dem Bereich und wieder dorthin, die anderen Fahrgäste seufzten laut. Beim nächsten Stopp hatte der Busfahrer dann einen Wutausbruch: »So, ihr zwei Pussys mit Hirn- und Ohrenschaden, verpisst euch jetzt pronto aus dem Scheißtürbereich, oder ihr lauft den verschissenen Weg nach Hause!« Die Mädels liefen rot an und setzten sich. Die anderen Fahrgäste lachten und applaudierten.

Muhammet Yanik, Bremen

Auf einer Bahnreise in einem ICE von Ulm nach Dortmund ertönte folgende Ansage: »Wegen Überfüllung bitten wir alle Mitarbeiter der Deutschen Bahn, am nächsten Bahnhof auszusteigen.« Kurze Zeit später: »Die Zugbegleiter natürlich nicht!« Das Gelächter war groß. Wiederum eine Weile später – der Zug war immer noch überfüllt und viele Reisende standen – wurde dann Folgendes durchgesagt: »Sehr geehrte Fahrgäste, bitte halten Sie sich an den Gepäckablagen oder Sitzen fest, wir erreichen gleich eine Geschwindigkeit von 250 km/h.«

Joachim Abrolat, Köln

In der Nähe von Nürnberg blieb der ICE auf der Fahrt von Erfurt nach München stehen, kurz darauf die Durchsage: »Liebe Fahrgäste. Leider verspätet sich die Weiterfahrt um voraussichtlich 90 Minuten aufgrund eines Personenschadens. Unser Zug ist nicht betroffen – keine Angst, wir haben niemanden

überfahren!« Eine Weile später dann: »Liebe Fahrgäste, bitte schauen Sie auf der linken Seite nicht aus dem Fenster. Man weiß ja nicht, was da noch so rumliegt.« Natürlich hat das die Leute noch neugieriger gemacht.

Eva Göttert

BAHN-ABC:
Petermännchen

P

Name eines Schweriner Schlossgeistes, der laut Überlieferung Eindringlinge mit Plagen und nächtlichem Poltern verschreckte. Außerdem Name des Städteexpress von Schwerin nach Berlin der Deutschen Reichsbahn, der 1991 eingestellt wurde – nachdem er so manchen Fahrgast mit Plagen und Poltern verschreckt hatte.

Es war vor etwa zehn Jahren auf der Strecke von München nach Frankfurt. Plötzlich öffnete sich die Abteiltür, und der Schaffner schaute herein: »Fliegt einer von Ihnen nach Hongkong?« Wir lachten. »Tja, es ist blöd«, gab der Schaffner zu, »aber ich habe einem Passagier nicht nur die Fahrkarte aus seinem Ticketheft gelöst, sondern auch sein Flugticket.« Er machte sich schnell weiter auf die Suche. Damals sah man ohne Flugticket am Flughafen noch recht alt aus.

S. Schneider, Manching

Ich stand im Bordbistro des ICE in Köln und wunderte mich, warum der Zug nicht losfuhr. Irgendwann kam die Durchsage: »Meine Damen und Herren, die Weiterfahrt verzögert sich noch um etliche Minuten. Wir haben gerade festgestellt, dass auf unseren Zug geschossen wurde.«

Steffen Schöll, Nürtingen

Auf der Fahrt von Kassel nach Frankfurt am Main bewies ein Zugführer Sinn für Galgenhumor. Seine Durchsage war: »Liebe Passagiere, wir benötigen dringend einen Arzt im Wagen 21.« Wenige Minuten später kam dann: »Liebe Passagiere, da leider kein Arzt in Wagen 21 eingetroffen ist, benötigen wir nun einen Bestatter.«

Lea Seelge, Halle

In der Regionalbahn von Frankfurt nach Gießen: »Sehr geehrte Damen und Herren, im Namen der Deutschen Bahn möchte ich Sie herzlich begrüßen auf der Fahrt von Frankfurt nach ...« »*Papa*, darf ich auch mal sprechen?« Ein kleines Mädchen plapperte voller Begeisterung ins Mikrofon. Der Zugführer daraufhin: »Nein, du bist jetzt still!« Das kleine Mädchen: »Aber *Papa* ...« Damit war die Durchsage leider zu Ende.

Rebecca Schwing

Unmittelbar nach Weihnachten erlebte ich eine bizarre Zugreise von Ravensburg nach Heidelberg. Vor Ulm hielt der Zug auf offener Strecke, weil ein Rind auf den Gleisen stand. Ich hätte gedacht, dass man langsam heranfahren und so das Rind zum Beiseitetreten bewegen könnte. Stattdessen wurde, wie man

uns sagte, die Strecke in beiden Fahrtrichtungen komplett gesperrt und die Polizei gerufen. Wir warteten 40 Minuten, die Information war spärlich. Schließlich kam die Durchsage: Die Polizei hätte das Rind erschossen. Dabei sei es allerdings auf die Gleise gefallen, so dass die Strecke weiterhin (beziehungsweise überhaupt erst) unbefahrbar war.

Max B., Hamburg

Als ich von einem kleinen Bahnhof ohne Anzeigetafeln in Mecklenburg über Neubrandenburg nach Leipzig fahren wollte, stieg ich an einem frühen Donnerstagmorgen in einen Zug in die falsche Richtung. Der Zugbegleiter schlug vor, jetzt erst mal weiter mitzufahren, nach mehrmaligem Umsteigen käme ich dann irgendwann am Abend in Leipzig an. Das steigerte meine Verzweiflung eher, als sie zu dämpfen.

Doch dann hatte der Lokführer eine Idee: Aus der Gegenrichtung komme doch gleich ein Intercity nach Berlin. Der könne mich mitnehmen, wenn er anhalten dürfe. Das klang unglaublich. So etwas geht? Eigentlich nicht, nur wenn die Zentrale zustimmt und dann rechtzeitig den betreffenden Lokführer erreicht, ihn informiert und die Erlaubnis zum Anhalten und Entriegeln der Türen gibt. Und wenn im angesagten Zeitraum die Signale noch rechtzeitig umgestellt werden können und dieser Lokführer das alles mitmacht.

Die Zeit bis zur Begegnung der beiden Züge, die sonst nur aneinander vorbeifahren, war knapp. Erst in letzter Minute kam die Zustimmung durch die Zentrale. Ich sollte mich bereithalten zum Umsteigen an einem kleinen Haltepunkt. Dort brachte mich der Zugbegleiter schnell, aber sicher über die

Gleise zu dem anderen Zug an eine ganz bestimmte Tür, die entriegelt wurde. Er trug mein Gepäck, half mir hinein, und bei der Abfahrt winkten Lokführer, Zugbegleiter und die anderen Fahrgäste zum Abschied. Was für eine Szene! Meine Route führte nun nicht erst über Neubrandenburg, sondern gleich direkt nach Berlin. Früher als je geplant erreichte ich den Anschluss nach Leipzig – mit der Deutschen Bahn!

Petra Mewes, Leipzig

Während des Aufenthalts einer Regionalbahn an einem kleinen hessischen Bahnhof war plötzlich eine Zugpfeife zu hören. Kurz danach ratterte ein Güterzug am Fenster vorbei. Dann kam folgende Durchsage: »An den lebensmüden Mann, der gerade vom anderen Gleis zugestiegen ist. Sie haben gehört, der Güterzug hat Ihretwegen gepfiffen und gebremst. Wenn Sie sich umbringen wollen, dann gibt es dazu Pistolen, oder Sie können sich ertränken – aber tun Sie es nicht bei der Eisenbahn!«

Jan Giörtz

Ich stieg an einem Freitag in einen reichlich gefüllten Intercity. Dort fragte ich den Schaffner: »Entschuldigung, gibt es in diesem Zug auch Bahn-comfort-Plätze?« Darauf der Schaffner: »Nein, der Zug fährt nur freitags.« Zu dumm, dass mir das freitägliche Anti-Komfort-Gesetz bis dahin nicht geläufig war.

David Kiltz

In Hannover bestieg ich den hinteren Zugteil eines ICE gen Köln, der in Hamm getrennt werden sollte. Es war Sonntag-

abend und die Zugteile somit fast ausschließlich mit Pendlern besetzt. In Hamm kamen wir auch pünktlich an, doch dann ging es nicht weiter. Irgendwann fiel auch dem Bahnpersonal auf, dass unser Zugteil noch am Gleis stand, während das vordere längst seine Weiterreise angetreten hatte. Nach einer Weile meldete sich der Zugchef: »Leider muss ich Ihnen mitteilen, dass unser Lokführer im vorderen Zugteil sitzt und dort eingeschlafen ist. Er wird beim nächsten Halt den Zug verlassen und umgehend zu uns zurückkehren.« So standen wir also mit unserem führerlosen ICE eine gefühlte Ewigkeit am Gleis. Irgendwann setzte sich der Zug wieder in Bewegung, und wir nahmen Kurs auf Köln. Ob nun tatsächlich der zurückgekehrte Lokführer im Cockpit saß oder aber ein anderer aus dem Feierabend geholt worden war, erfuhren wir nicht.

Stephan Rauhut, Magdeburg

BAHN-ABC:
Quakenbrück

Q

Einer der neun Bahnhofsnamen in Deutschland, die mit »Q« anfangen. Die anderen heißen Quadrath-Ichendorf, Quedlinburg, Quelle, Quelle Kupferheide, Querfurt, Quierschied, Quint und Quittelsdorf.

Als ich einmal auf der Strecke Wiesbaden-Darmstadt mit dem Regionalexpress fuhr, tönte plötzlich leise durch die Lautsprecher: »So ein Scheiß, was die uns hier wieder für Loks zur

Verfügung stellen. Die Dinger sind doch schrottreif, und ich soll mit so was sicher fahren. Ich wundere mich, dass wir immer ankommen.« Der Lokführer hatte anscheinend das Mikro angelassen und sich mit dem Schaffner unterhalten. Die andere Stimme antwortete so etwas wie »Die Waggons sind auch nicht besser«. Alle, die im Zug saßen, haben sich danach angeguckt, und ich bin zum ersten Mal mit einem ziemlich mulmigen Gefühl Zug gefahren.

Ralf Schröder

Ein Intercity auf der Strecke von Wolfsburg nach Hannover musste aufgrund eines verunglückten Pferdes einen außerplanmäßigen Halt auf der Strecke einlegen. Auf die Frage, wie lange das denn nun dauern würde, sagte die Schaffnerin: »Das kann ich nicht sagen. Aber ein Personenunfall dauert mit Spurensicherung maximal drei Stunden – bei einem Pferd wird das wohl schneller gehen.« Ging es dann auch – zumindest etwas.

T. Hartmann, Wolfsburg

Auf der Fahrt von Erfurt nach Karlsruhe im IC 1956 kam der Zug auf offener Strecke zum Stehen. Kurz darauf gab es die erklärende Durchsage: »Meine Damen und Herren, bitte beachten Sie: Dieser außerplanmäßige Halt unseres Zuges ist planmäßig. Ich wiederhole: Der außerplanmäßige Halt ist planmäßig. Sie erreichen in Fulda alle Anschlusszüge.«

Marcus Hebel, Ettlingen

Ende der siebziger Jahre ließ der Nahverkehrszug von Bremen nach Oldenburg den Schaffner am Bremer Hauptbahnhof stehen und fuhr ab. Bis zum Bahnhof Bremen-Neustadt muss das auch der Lokführer gemerkt haben, denn dort wurde ein längerer Halt eingelegt – die Fahrgäste wurden allerdings nicht informiert. Der Schaffner wurde dann von einem grün-weißen VW-Käfer der Bahnpolizei mit Blaulicht und Martinshorn zum Bahnhof Neustadt gebracht. Er durfte dann mit hochrotem Kopf einen Spießrutenlauf durch die grinsenden Feierabendfahrgäste antreten.

Norbert Wehrkamp, Hanau

Durchsage im außerplanmäßig haltenden ICE von Berlin nach Köln: »Wegen einer Weichenstörung können wir die volle Geschwindigkeit nicht erreichen.«

Igor Merkulow

Im Eurocity von München nach Brixen in Italien: Auf dem Fahrkartenausdruck stand, dass ich den Sitz 16 in Wagen 258 reserviert hatte. Der Wagen 258 existierte tatsächlich, allerdings fing darin die Nummerierung der Sitze aus undurchschaubaren Gründen erst bei 24 an. Zwei weitere Fahrgäste hatten das gleiche Problem, auch ihre Sitznummern gab es nicht. Als wir dem Zugchef davon berichteten, war er ratlos: »Sie sehen hier einen dumm dreinblickenden Schaffner vor sich«, sagte er wörtlich. Dann hatte er jedoch einen Vorschlag zur Problemlösung, mit dem alle einverstanden waren: »Setzen Sie sich doch in die erste Klasse – was anderes fällt mir jetzt auch nicht ein.«

Michael Roth, Hamburg

An der S-Bahn-Haltestelle in Frankfurt-Niederrad: Als sie aussteigen wollten, bemerkten einige Passagiere, dass sich vor ihnen kein Bahnsteig befand, sondern Gleise. Der Lokführer entschuldigte sich mit den Worten: »Sorry, ich dachte, ich fahre einen Kurzzug.«

Philipp Wolf, Frankfurt am Main

Wir fuhren nachts mit einem Intercity Richtung Dortmund, als wir in Mülheim an der Ruhr anhielten. So dachten wir zumindest anfangs, da wir ganz langsam in den Bahnhof hineinrollten. Da diese Haltestelle sonst nie angefahren wird, war ich irritiert. Nach ein paar Minuten meldete eine Schaffnerin mit völlig gelangweilter und monotoner Stimme, dass man uns »versehentlich« abgekoppelt habe. Dann: »Ah, jetzt! Dem Lokführer ist es wohl endlich aufgefallen. Er hält an und fährt wohl gleich zurück, um uns einzusammeln.« Nach rund zehn Minuten gab es einen Ruck im Zug, wir wurden wieder angekoppelt und nahmen die Fahrt verspätet wieder auf.

Kristian Bacic, Neuss

Folgende Ansage des Fahrers habe ich in der Münchner U-Bahn erlebt, also auf orginal Bairisch: »Es goit sofort woiter, i muas moal eben telefoniern.« Die Fahrgäste schauten durchs Fenster und beobachteten, wie der Mann die Rolltreppe hochrannte, um im Obergeschoss das Handy benutzen zu können. Nach einem kurzen Halt ging es dann weiter.

Dino Maidel, Erfurt

Vor einigen Jahren war meine Ehefrau zu einer Mutter-Kind-Kur auf der Insel Fehmarn. Sie hatte unser Auto mit und brachte mich nach einem Wochenendbesuch wieder zum Bahnhof. Ich stieg in einen überhitzten, überfüllten Sonntagabendzug gen Lübeck. Schon nach kurzer Fahrzeit wurde mein Name ausgerufen, und ich wurde gebeten, mich beim Zugbegleiter zu melden. Der eröffnete mir, dass meine Frau mit zwei heulenden Kindern am Bahnhof von Burg stehe und nicht zu ihrer Kurpension zurückfahren könne. Ich hatte den einzigen Autoschlüssel in der Tasche! Meine einzige Möglichkeit war, bis Lübeck und von dort aus zurück nach Burg auf Fehmarn zu fahren – am nächsten Morgen um fünf Uhr!

Der Zugbegleiter ersann angesichts der Dramatik der Lage noch eine andere Lösung: Er verständigte sich mit seinem Kollegen im entgegenkommenden Zug. Der veranlasste, dass die beiden Züge nebeneinander auf freier Strecke anhielten. Der Autoschlüssel wurde durch das Fenster übergeben und so zurück nach Fehmarn gebracht. Meine Frau konnte nach nur einer knappen Stunde mit unseren Kindern in ihre Unterkunft fahren. Ich sagte dem Zugbegleiter, wie beeindruckt ich von seiner unkonventionellen Lösung sei und dass ich der Bahndirektion einen Brief schreiben würde, um mich zu bedanken. Daraufhin er: »Tun Sie das bitte nicht, sonst bin ich meinen Job los.« Seitdem habe ich einen anderen Blick auf das Vermögen und Unvermögen der Bahnbediensteten.

Uwe Wöckener, Hameln

Zahlen, bitte!

Länge aller Gleise der Deutschen Bahn 2011: **61.745 Kilometer.** Umfang der Erde am Äquator: **40.075 Kilometer**

Verspätung, bei der sich der Fahrer eines japanischen Shinkansen-Schnellzuges schriftlich erklären muss: **15 Sekunden** Verspätung, die ein Zug der Deutschen Bahn mindestens haben muss, um in der konzerneigenen Verspätungsstatistik berücksichtigt zu werden: **360 Sekunden**

Gewicht des Metalls, das der Deutschen Bahn im Jahr 2010 durch Diebstähle abhandenkam: **2.211.011 Kilo**

Gewicht eines Gleisstückes mit eingebauter Uhr, das im Bahn-Shop für 79 Euro zu kaufen ist: **8 Kilo**

Verkaufte Brezeln in der Deutschen Bahn im Jahr 2011: mehr als **220.000**

Zahl der Koffer, die pro Jahr in der Bahn vergessen werden: etwa **230.000**

Anteil der Schwarzfahrer in Bussen und Bahnen (Schätzung des Verbandes Deutscher Verkehrsunternehmen): **3,5 Prozent**

Bei täglich **5,4 Millionen** Bahn-Fahrgästen in Deutschland (2011) wären das: **189.000**

Zahl der Bahncard-100-Besitzer im Jahr 2011: **39.000**

Zahl der Fahrten, die diese pro Jahr im Schnitt absolvieren: etwa **200**

Kosten für eine Sitzplatzreservierung pro Strecke: **4 Euro**
Kosten für ein Bier (0,3 Liter) im Bordrestaurant, wo häufig noch ein Sitzplatz frei ist: **3,30 Euro**

Hast Du die fahrkarten?
Klar! Hab ich als allererstes eingepackt!
H&B

Kapitel 9

Weltreisen per Zug: **Erleuchtung im Indien-Express**

Eine Reise rund um den Globus kann heute eine Sache von wenigen Tagen statt von Wochen sein – das Flugzeug und vor allem die Billigflieger haben die Welt schrumpfen lassen. Hat der moderne Globetrotter erst Check-in und Sicherheitskontrollen am Flughafen überwunden, nimmt er in der Maschine Platz, schließt den Sitzgurt – und los geht es. Die Entfernung, die er im Flug zurücklegt, misst sich an der Zahl der Filme, die er geschaut hat, der Zahl der Mahlzeiten, die er auf seinem Klapptischchen balanciert hat, der Zahl der Tomatensäfte, die er getrunken hat. Und dann ist er da, am Ziel der Reise, kaum dass er in der Heimat abgehoben hat. Er tritt durch die Tür des Flughafens und kann schon in eine fremde Kultur eintauchen.

Doch nicht für jeden Weltenbummler ist dieses Instant-Erlebnis die richtige Reiseform – manche sind mit Vorsatz vor allem per Eisenbahn unterwegs. »Ich liebe die langsame Annäherung an mein Ziel und dass man die Veränderungen der Vegetation, der Menschen und des Klimas erfährt«, sagt Manfred Weis über seine Reisephilosophie. »Das ist Erdkunde, hautnah erlebt.« Der 50-jährige Bahnfan aus Karlsruhe hält seit 25 Jahren den Guinness-Rekord der längsten Interrail-Reise. 36.000 Kilometer innerhalb Europas legte er damals in vier

Wochen zurück, inzwischen hat er die halbe Welt auf Gleisen erkundet. So langsam, dass »die Seele mitkommt«, sagt er.

Auch Christoph Kessel aus Mainz nutzt am liebsten öffentliche Verkehrsmittel und hat mit Bus, Bahn und Schiffen innerhalb eines Jahres den Globus umrundet. »Fliegen hat mit dem eigentlichen Reisen nicht mehr viel zu tun«, sagt der 39-Jährige. Im Flugzeug werde man wie im Hollywood-Film von A nach B gebeamt, ohne etwas von den Ländern, die man überfliegt, mitzubekommen. »Beim Bahnfahren dagegen erlebt man bei der Ankunft keinen kulturellen Schock.«

Was Slow-Travellern wie Weis und Kessel wichtig ist: Wenn sie in China, Indien oder Pakistan, in Russland, Sudan oder Peru unterwegs sind, dann wollen sie dort die Menschen und ihre Kulturen kennenlernen. Sie wollen nicht nur in Bordmagazinen von Airlines oder in »Lonely Planet«-Reiseführern blättern, sondern ins Gespräch kommen, sich austauschen.

»Wir fahren nicht in andere Länder, um Gebäude und Monumente zu sehen, sondern Leute«, sagt auch der 30-jährige Björn Felber, der mit seiner Freundin Maria Seffar nach dem Studium zu einer Weltreise aufbrach. Im Zug – und vor allem in den günstigsten Klassen – könne man die Menschen in ihrem Alltag beobachten: »Man sieht, wie sie leben, mit ihren Familien umgehen«, sagt die 29-jährige Maria Seffar. Man teile sogar eine gewisse Intimität: »Manche essen ihr selbstgekochtes Essen, manche ziehen sich nachts einen Pyjama an, putzen sich die Zähne.«

Die beiden Biologen haben in den 16 Monaten ihrer Reise die Langsamkeit des Bahnfahrens für sich entdeckt und nutzten den Zug, wo es ging – von Russland und China bis Indien

und Thailand. Maria Seffar mag die Annäherung an ihre Mitreisenden ohne Hektik: »Am Anfang kennt man sich nicht. Dann sitzt man lange nebeneinander und kommt langsam ins Gespräch«, erzählt sie. »Die Begegnung kann sich allmählich entwickeln, es gibt kein knappes Zeitlimit.«

Extrem viel Zeit hatten Seffar und Felber auf ihrer Fahrt von Moskau nach Irkutsk. »Mit der Transsibirischen Eisenbahn fährt man tagelang, die Sonne geht jeden Morgen auf der gleichen Seite auf«, erzählen die beiden. Stunde um Stunde ratterten sie gen Osten und lernten dabei ihre »Russka Mama« kennen, wie sie sie heute nennen.

Die 67-jährige Frau in ihrem Sechserabteil redete am ersten Tag auf Russisch auf sie ein. Keiner konnte die Sprache des anderen. Sie verständigten sich per auf Zettel gemalte Zeichnungen, zeigten sich Fotos. »Wir haben alles hundertmal wiederholt.« Und am zweiten Tag hat die Kommunikation mit Händen und Füßen plötzlich funktioniert, sie hatten ihre gemeinsame Sprache gefunden. Am Ende wussten die Deutschen, wo sie herkam, wohin sie wollte und wieso. Völkerverständigung auf Schienen – noch heute ist die kleine Abteilgemeinschaft in Kontakt.

Eine Party auf Schienen erlebte Christoph Kessel auf einer Fahrt, die ihn vom Pazifik bis zum Atlantik führte. In Kanada saß er auf seiner tagelangen Bahnfahrt von Vancouver bis Halifax im Via-Rail-Zug »Canadian« und vertrieb sich die Zeit im Barwagen. »Mit den Kanadiern kam ich schnell in Kontakt«, erzählt er, in dem Autofahrerland falle man schon auf, wenn man nur mit der Bahn unterwegs sein will. »Irgendjemand holte dann seine Gitarre raus, und schnell bekam das

eine Lagerfeueratmosphäre«, erzählt er. »Der ganze Wagen sang ›Knockin' on Heaven's Door‹ mit, alle kannten den vollständigen Text.« Und da allein die Fahrt nach Toronto 83 Stunden dauerte, schlief Kessel erst, wenn er müde von der Party wurde.

Vor allem in Ländern, in denen die Bahn das Hauptverkehrsmittel für die ärmere Bevölkerung darstellt, ist die Neugierde der Einheimischen auf die Europäer und ihr Leben zu Hause groß. »Als Ausländer ist man oft eine Kuriosität, eine willkommene Ablenkung vom langweiligen Bahnfahren«, sagt Kessel, für den Indien mit seinem riesigen Streckennetz das Bahnfahrerland überhaupt ist. Phrasen wie »What's your name? What's your country? Are you married?« sind dort unausweichlich und auf Dauer ziemlich nervig. Häufig sind sie aber auch der Einstieg in ein intensives Gespräch. Unvergessen für Kessel ist eine Unterhaltung mitten in Indien, nachts um 2 Uhr auf einem Bahnsteig. »Den Ort weiß ich längst nicht mehr«, erzählt er, »aber dass der Mann begeistert über die deutsche Krankenversicherung sprach und das US-System verteufelte, das weiß ich noch.«

Manfred Weis, dem Interrail-Rekordhalter, brachte eine Bahnreise in den achtziger Jahren tiefe Einblicke in die afrikanische Politik. Auf der Fahrt von Kairo nach Khartum lernte er nach der Überfahrt über den Nasser-Stausee den sudanesischen Arzt Hassan kennen. Heftige Regengüsse hatten Gleise weggeschwemmt, die Weiterfahrt verzögerte sich, dann verbrachten sie 48 Stunden gemeinsam im Zug, Hassan erzählte von seiner Verwicklung in die südsudanesische Freiheitsbewegung, zeigte Weis dann seine Heimatstadt Khartum und sein

Zuhause. »Wäre ich mit dem Auto unterwegs gewesen«, sagt Weis, »hätte ich ihn nie getroffen.« Die beiden sahen sich in Deutschland wieder. Und Jahrzehnte später verfolgte Weis die Unabhängigkeitsfeier des Südsudans mit einem ganz anderen Verständnis.

Umgeben von einer fremden Kultur, herausgerissen aus dem Alltag, sind Reisende oft empfänglicher für Neues – was manchmal auch ihr Leben verändert. Der Informatiker Weis kam auf einer mehrmonatigen Bahnfahrt von Deutschland nach Hongkong mit einer holländischen Reiseveranstalterin ins Gespräch. Begeistert von ihren Ideen ließ er nach seiner Heimreise die IT zunächst ruhen und machte ein Reisebüro auf. Bei dem Biologen Björn Felder war es eine Begegnung in einem indischen Zug: Auf der Fahrt von Delhi nach Agra, in einem vollbesetzten Abteil, ergriff ein Mitte-50-jähriger, bis dahin schweigsamer Mitfahrer plötzlich seine Hände, drehte sie nach oben und sagte: »Ich bringe dir jetzt was über Indien bei.«

Umringt von rund 20 Leuten, forderte der schlanke Mann in Jeans Felber auf, sich den Kopf zu reiben und dann die Augen zu schließen. »Angst und Zweifel werden beseitigt. Verbinde dich mit der Quelle«, sagte er und meinte damit den höchsten Geist des Hinduismus. Der deutsche Tourist spürte einen Druck auf dem Kopf und Wärme »wie von einem Lichtstrahl«. Der Inder – der eine große Ruhe ausstrahlte, wie Felber erzählt – verabschiedete sich in der Taj-Mahal-Stadt Agra. Und Felber? War von dem spirituellen Erlebnis tief berührt. Seitdem meditiert der Naturwissenschaftler täglich.

So grandios und faszinierend die Landschaften sind, die vor

den Zugfenstern vorbeiziehen, so mühsam ist oft auch das Reisen in den Zügen Afrikas, Indiens und vieler Schwellenländer. Die Bürokratie ist überbordend, die Streckennetze sind marode, Züge und Technik stammen zum Teil noch aus Kolonialzeiten. Selbst an den bequemeren Waggon-Varianten wie Softseater und Foursleeper hat der Zahn der Zeit genagt.

Für Zugfahrer aus Überzeugung macht genau das den Reiz des Transportmittels aus – hilfreich sind außerdem ein paar Eigenschaften: »Man muss auch mal ein paar Stunden nur Landschaft angucken können, ohne sich zu langweilen«, sagt Maria Seffar, »und man darf nicht internetsüchtig sein. In Indien muss man die oft dreckigen und überfüllten Waggons ertragen können, und man darf keine Berührungsängste haben – oft quetschen sich so viele Leute wie nur möglich auf eine Bank, Armlehnen gibt es nicht.«

»Zeit und Geduld muss man mitbringen, wenn man mit öffentlichen Verkehrsmitteln um die Welt reist«, sagt Kessel. »Zeit ist viel wichtiger als Geld.« Und wenn man Zeit habe, dann habe man auch die Gelassenheit, Ungewissheiten wie verspätete oder ausfallende Züge auszuhalten – was einen zu Hause schon in die Krise treiben würde. Manfred Weis' Quintessenz aus Tausenden gefahrenen Schienenkilometern: »Nicht alles minutiös vorplanen.« Damit nehme man sich die Spontaneität, auf Begegnungen zu reagieren, auch mal Einladungen anzunehmen. »Man wird auf Bahnreisen immer etwas erleben, das ist sicher.« Das Wichtigste sei: den Moment zu genießen.

Einig sind sich die Vielfahrer, dass Bahnreisen langweilig werden, wenn die Züge zu modern sind. Was einen Fortschritt für die Einheimischen bedeutet und mehr Komfort für Touris-

ten, ist oft öder für Reisende, die das Abenteuer und den Kontakt suchen. »In den Großraumabteilen mit ihren Flugzeugsitzen sind Begegnungen seltener geworden«, meint Weis. »Die Hightech-Züge an Chinas Ostküste waren im Vergleich unspektakulär«, sagt Maria Seffar.

Und Kessel konnte sich für ein Bahnerlebnis in Bolivien wenig begeistern: »Der Zug fuhr zum Salzsee Salar de Uyuni durch schöne Landschaften, doch in den klimatisierten Waggons wurde auf Video-Bildschirmen ›Men in Black‹ gezeigt.« Auch waren vor allem Touristen statt Einheimische in dem Luxuszug, dasselbe erlebte er in Peru auf der Strecke nach Machu Picchu. In Indonesien brachten immerhin die fliegenden Märkte Leben in moderne Züge, immer noch stürmten Händler an den Haltestellen die Waggons. Mit Snacks, rosa Kämmen und Toilettenpapier im Angebot.

In Mitteleuropa hat die Eisenbahn für den Ex-Interrailer Weis ihr Flair längst verloren. Nicht nur der Schwund der kleinen Abteile sei schuld und die Schnelligkeit der Verbindungen, auch seien die Zugpassagiere in ICE, IC und TGV kaum mehr ansprechbar: »Jeder hat irgendwas im Ohr, einen Laptop vor sich und ist mit sich beschäftigt.« Definitiv ein Verlust, meint der Vielfahrer. Das direkte Gespräch sei doch immer noch die beste Informationsquelle für Reisetipps, und nicht das Internet auf dem Smartphone.

Viel kommunikativer geht es nach Ansicht der Weltenbummler im Osten Europas zu. In Rumänien, Bulgarien und der Slowakei kann man das Abenteuer Bahnfahrt noch erleben. Das Bahnsystem sei noch nicht modernisiert, und man komme leichter ins Gespräch – ein Genuss für Bahnnostalgiker.

Bahnen mit Namen

Die Essbahnen:

Train du Chocolat (Montreux – Broc, Schweiz)
Train Fondue (Montreux – Bulle, Schweiz)
The Fish (Sydney – Lithgow, Australien)
The Chips (Sydney – Mount Victoria, Australien)
Kashtan (russisch für »Kastanie«; Kiew – Berlin)
Peach Queen (»Pfirsichkönigin«; New York – Atlanta, USA)

Die Schnellen:

Aurora Borealis Express (Helsinki – Rovaniemi, Finnland)
Heidi Express (Tirano – Chur, Schweiz)
Lunatic Express (»Verrückten-Express«; Mombasa – Kisumu, Kenia)
Polar Bear Express (Cochrane – Moosonee, Kanada)
Santa Claus Express (Helsinki – Rovaniemi, Finnland)
Tequila Express (Guadalajara – Amatitán, Mexiko)

Die Romantiker:

Blauer Enzian (Hamburg-Altona – Klagenfurt, Deutschland/Österreich)
Cavalier (Toronto – Montreal, Kanada)
Muthu Kumari (»Prinzessin der Perlen«; Colombo – Puttalam, Sri Lanka)
Rose of Donbas (Donetsk – Moskau, Russland)
Starlight (Los Angeles – San Francisco, USA)
Wiener Walzer (Budapest – Prag, Ungarn/Tschechien)

Die Prominenten:

Casanova (Venedig – Ljubljana, Italien/Slowenien)
Hans Albers (Wien – Hamburg, Österreich/Deutschland)
Hamlet (Hamburg – Kopenhagen, Deutschland/Dänemark)
Picasso (Bilbao – Málaga, Spanien)
Robin Hood (Nottingham – London St. Pancras, England)

Die Fliegenden:

Flamingo (Cincinnati – Jacksonville, USA)
Kranich (Flensburg – Köln, Deutschland)
Pelican (Washington D.C. – New Orleans, USA)
Red Dragon (London Paddington – Carmarthen, England)
Seeadler (Kiel – Köln, Deutschland)

Wie können Sie bei der Hitze frikadellen essen?
Die werden sonst schlecht.
H&B

Kapitel 10

Widriges Wetter: »Aufgrund schlüpfriger Gleise konnten wir nicht halten«

»Alle reden vom Wetter. Wir nicht.« So warb die Deutsche Bahn in den sechziger Jahren. »Die größten Feinde der Bahn? Frühling, Sommer, Herbst und Winter«, so ätzte die Twitter-Gemeinde rund 50 Jahre später. Vielleicht hatte der Slogan der Bahn einst einen gewissen Wahrheitsgehalt, doch 2010 ging bei Schnee, Eis und hohen Temperaturen einiges schief. Das legendäre Hitze- beziehungsweise Winterchaos auf deutschen Schienen bescherte den Passagieren ein klimatisches Wechselbad und jede Menge Verspätungen, dem Unternehmen einen Einbruch bei Gewinn und Image.

Erst drehten die Klimaanlagen durch: Bei sommerlichen 39 Grad machte die empfindliche Technik in einigen der modernen ICE schlapp und heizte den Zuginsassen mit bis zu 60 Grad Celsius Abteiltemperatur ordentlich ein – viele klagten über Atemnot, andere erlitten einen Panikanfall oder Kreislaufkollaps. Dabei mussten die Passagiere Durchsagen wie »Wir haben außerplanmäßig zum Abkühlen der Klimaanlage gehalten« oder »Ist ein Arzt an Bord?« anhören, ihre Züge hatten wegen »Überhitzung der Lok« Verspätung. Die Schaffner – selbst längst durchgeschwitzt und der Beschwer-

den müde – ließen sich kaum mehr sehen, ihre Kunden fühlten sich einmal mehr alleingelassen. Und dann versagten wenige Monate später bei winterlichen Tiefs wie »Petra« Weichenheizungen, Oberleitungen und andere technische Anlagen, über die die Bahn irgendwann wohl selber keine Übersicht mehr hatte. Sogar Türen ließen sich wegen Eis nicht mehr schließen. Auch hier kam es zu Kreislaufbeschwerden bei Passagieren, diesmal wegen der Wartezeit auf übervollen kalten Bahnsteigen ohne Züge. Oder wegen stundenlanger Aufenthalte in liegen gebliebenen Regionalbahnen. Einen rekordverdächtigen Tiefstand an Pünktlichkeit erreichte die Bahn dann im Weihnachtsverkehr: Wegen Eis und Schnee kamen am 26. Dezember 2010 lediglich 20,5 Prozent der ICE und IC pünktlich – was wohl so manche Feier platzen ließ. Seitdem geht es wieder aufwärts mit der Bahn: Alarmiert von dem Chaos mitten in der bundesrepublikanischen Ordentlichkeit und der Wut der Kunden machte der Bahnchef 70 Millionen Euro zusätzlich locker und den Gleis-, Zug- und Weichenpflegern ordentlich Dampf. Schon ein Jahr später konnte die Bahn mit enormen Pünktlichkeitszuwächsen glänzen. Kein Wunder bei dem Vergleichsmaterial. Doch die Bahn und das Wetter, diese beiden werden niemals Freunde werden, wie die folgenden Erlebnisse zeigen.

In einem ICE von Stuttgart nach Berlin, mitten im Winter, draußen starker Schneefall. Bei der Ansage hat der Zugführer hörbar Pressatmung, er wirkt aufgeregt: »Meine Damen und Herren, ich habe leider schlechte Nachrichten für Sie. Dieser Zug wird ungeplant in Frankfurt am Main Hauptbahnhof verenden!« Danach hatte man das Gefühl, die letzten Zuckungen des auf den Schnee offensichtlich nicht vorbereiteten ICE förmlich mitzuerleben.

Gernot Pflüger, Offenbach

In einem verspäteten Regionalexpress schallte irgendwo zwischen Berlin und Magdeburg folgende Durchsage des Lokführers durch den Zug: »Zugbegleiter! Bitte mal meinen Hammer nach vorne bringen. Ick muss hier die vereisten Scheiben freikloppen.« Und später, als sich im nächsten Bahnhof die Weiterfahrt wegen einer Türstörung verzögerte: »Soll ick den Hammer bringen?«

Sebastian Dolp, Berlin

Im Winter hörten wir einmal im Regionalexpress von Bremen nach Oldenburg folgende Durchsage: »Dieser Zug kann wegen Personalmangels nicht losfahren!« Es war klar, dass das Personal lediglich nicht rechtzeitig da sein konnte. Trotzdem klang das komisch.

Birgit Thomas, Bremen

Im ICE von Berlin in Richtung Köln, nach dreistündiger Verspätung aufgrund von Schnee und einer Umleitung wegen eines Personenunfalls: »Reisende, für die sich der Sinn der

Reise erledigt hat, fahren bis Münster. Dort erhalten Sie Anschluss an einen Zug zurück nach Berlin.«

Jörg Potthast, Berlin

BAHN-ABC:
Reiseplan, Ihr

R

Rotgrauweiße Billigpapier-Broschüre, die in heimeligeren Zeiten noch »Ihr Zug-Begleiter« hieß, bevor die Bahn auf die Idee kam, ihre Schaffner in »Zugbegleiter« umzubenennen, und daraufhin wegen der Verwechslungsgefahr das Faltblatt umtaufen musste. Leistet unschätzbare Dienste bei der Errechnung der momentanen Verspätung, mathematikbegeisterte Vielfahrer schwören auf folgende Formel: Abfahrtszeit des letzten angegebenen Anschlusszuges + eine Minute = voraussichtliche eigene Ankunftszeit.

Aufgrund einer Oberleitungsstörung fielen in Düsseldorf im Winter einmal alle Züge aus. Nach einigen Stunden voller Unsicherheit und Ratlosigkeit fuhr tatsächlich ein Zug ein – angetrieben durch eine Dampflok. Diese antiquierte Form des Bahnreisens erwies sich als zuverlässig, und wir konnten die Reise fortsetzen.

Sabine Lauderbach

Folgende norddeutsch-brummige Durchsage im Regionalex-

press zwischen Hamburg und Flensburg war bis vor einigen Jahren in der kalten Jahreszeit immer für einen Lacher gut: »Sehr geehrte Damen und Herren, hier spricht Ihr Getränkeservice. Unser Angebot heute: Cola, Sprite, Fanta, Bier, Spirituosen, Mineralwasser, außerdem belegte Brötchen und verschiedene Snacks wie Twix, Snickers. Gern bereite ich Ihnen auch eine Tote Tante!« Als »Tote Tante« bezeichnet man in Norddeutschland einen heißen Kakao mit Rum und Sahnehaube.

Jan O., Hamburg

Die komischste Bahndurchsage, die ich je gehört habe, war folgende: »Sehr geehrte Fahrgäste, wie Sie bemerkt haben, konnten wir aufgrund von schlüpfrigen Gleisen nicht in Geilenkirchen halten. Wir versuchen jetzt mal, im nächsten Bahnhof zu stoppen. Fahrgäste, die eben rauswollten, nehmen bitte den Zug in die Rückrichtung!«

Max B.

Im Winter wurde uns in einem Zug per Durchsage mitgeteilt, dass wir leider auf offener Strecke aussteigen müssten: »Aufgrund toilettenbedingter Probleme muss der Triebwagen gewechselt werden. Leider können wir nicht zum Bahnhof zurückfahren, weil die Weichenenteisung sich festgefahren hat und vor uns irgendein ICE in einer Schneewehe steht. Vorsicht, dass Sie nicht in den Schnee fallen, wir stehen etwas ungünstig. Danke für Ihr Verständnis.« Wir standen im Nirgendwo und mussten im Schneegestöber über ein Feld zurücklaufen. Es waren nur etwa 500 Meter, aber bei Minus-

graden und eisigem Wind war das nicht gerade angenehm. Am Bahnhof selbst gab es keinen Aufenthaltsraum, sondern nur eine Art Bushäuschen. Es zog wie verrückt, kein Bahnmitarbeiter war zu sehen. Erst nach circa zwei Stunden kam dann ein Zug und nahm uns mit zu unserem Reiseziel Leipzig.

Stefanie Große, Leipzig

Am ersten Schneetag des Jahres fuhr ich mit der Regionalbahn von Wolfsburg nach Braunschweig. Kurz bevor wir unser Ziel erreichten, kam folgende Ansage: »Meine sehr verehrten Fahrgäste, in Kürze erreichen wir … Nein, halt – ich fange anders an. Aus aktuellem Anlass, wegen dem Schneetreiben draußen: Wer mit seinen Schneeschuhen zu Hause in sein Bett steigen möchte, der kann dies gerne tun. Wenn er aber hier im Zug seine Schuhe auf die Polster legt, dann ist das nicht so schön. So, und jetzt noch mal von vorne: Meine sehr verehrten Fahrgäste, in Kürze erreichen wir Braunschweig Hauptbahnhof!«

Daniel Szypura, Wolfsburg

Der Fugger-Express auf der vielbefahrenen Strecke Augsburg–München ist häufig überfüllt. Einmal ging es im Winter in Mering St. Afra nicht weiter, weil sich die Türen aufgrund der Menschenmassen an den Eingängen nicht schließen ließen. Niemand wollte bei minus zehn Grad noch länger am Bahnsteig warten. Zugbegleiter waren nicht auffindbar, vielleicht hatten sie auch gar keine Möglichkeit, nach draußen zu gelangen. Der völlig überforderte Lokführer schrie nur noch, dass

man zurücktreten solle. Als die auf dem Bahnsteig Zurückgebliebenen ihn jedoch weiter bedrängten, reichte er schließlich ein Mikrofon aus dem Lokfenster. Einer der Reisenden bat per Durchsage, dass die anderen zusammenrücken sollten. Kurz danach konnten alle die Reise fortsetzen. Es war sehr beengt, aber immerhin warm.

Sabine Henke, Königsbrunn

Ich habe mal die Hotline der Deutschen Bahn angerufen, um Informationen zu einer Bahnverbindung zu erhalten. Natürlich hatte ich gehofft, schnell einen Sachbearbeiter ans Telefon zu bekommen. Stattdessen sagte eine Stimme vom Band: »Aufgrund des Schneechaos sind zurzeit alle Leitungen belegt. Bitte versuchen Sie es noch einmal zu einem späteren Zeitpunkt.« Ein bisschen gewundert hat mich das schon: Es war der 14. April 2011, und die aktuelle Temperatur betrug 20 Grad Celsius!

Dirk Wewerink, Dülmen

Auf der Fahrt von Leipzig nach Frankfurt in einem Intercity im sehr kalten vorweihnachtlichen Dezember 2009: Die Toiletten waren defekt bis auf eine am vorderen Ende des Zuges, die Wagen der ersten Klasse befanden sich am hinteren Ende. Als ich in Frankfurt Süd aussteigen wollte, gab es gerade Ärger vor der funktionierenden Toilette. Eine ältere Dame in der Warteschlange sprach den vorbeilaufenden Zugbegleiter an und bestand darauf, dass sie als Erste-Klasse-Passagierin ein Recht darauf hätte, ohne Warterei die Toilette zu benutzen. Der Schaffner verwies darauf, dass aufgrund der Witterung mit

minus 15 Grad Außentemperatur die Toiletten zugefroren seien. Er fragte die Dame, wo sie denn aussteigen wolle. »In Frankfurt Süd.« Darauf sagte der Schaffner nur ganz trocken: »Dann sehen Sie mal zu, dass Sie schnell nach hinten in die erste Klasse kommen und Ihr Gepäck einsammeln, wir halten nämlich gerade in Frankfurt Süd.« Da die Dame ob ihrer erregten Art wenig Sympathien bei den übrigen Fahrgästen hatte, gab das natürlich ein lautes Gelächter. Ich habe keine Ahnung, ob sie es noch geschafft hat.

Thomas Goldammer, Leipzig

BAHN-ABC:
Störung/Verzögerung im Betriebsablauf

S

Häufig genannter Verspätungsgrund, der sich durch das Fehlen jeglichen Informationsgehaltes auszeichnet. Nach der gleichen Logik funktionieren folgende Sätze: »Grund für meinen Durst ist ein Mangel an Flüssigkeit.« »Der Staubsauger ist kaputt, weil es zu einem Schaden am Gerät gekommen ist.« »Das Wetter ist schlecht, weil das Wetter nicht gut ist.«

Im Januar 2011 gegen Abend im Dunkeln bei Schneechaos im Fernverkehr. Im Zug von Hannover nach Braunschweig saßen wir in einem dieser grünen alten Waggons, es war ziemlich kalt. Bei der Abfahrt ging in unserem Abteil auch noch das

Licht aus. Zehn Minuten später kam der Schaffner und sagte erstaunt und belustigt: »Das ist der neue Service für müde Kunden: extra Schlafbeleuchtung. Keine Angst, ich kontrolliere jetzt nicht Ihre Tickets mit der Taschenlampe.« So sorgte er für gute Laune bei den Fahrgästen. Hinter dem Bahnhof Vechelde ging plötzlich das Licht wieder an.

Dagmar Stein, Braunschweig

In einem Zug ging die Klimaanlage nicht. Es war heiß, die Waggons waren überfüllt. Als die Zugbegleiterin kam, fragte ich: »Können Sie bitte ein Fenster aufmachen?« Ihre Antwort: »Wir haben keinen Schlüssel für die Fenster, aber Sie können ja die Tür aufmachen!«

Stefanie Große, Leipzig

Es war zu einer der Chaoszeiten im Winter am Hamburger Hauptbahnhof. Statt des planmäßigen ICE kam zur täglichen Stoßzeit ein Ersatz-Intercity, der nur die Hälfte der Wagen aufwies. Selbstverständlich waren dadurch alle Reservierungen für die Katz. Die Menschen standen dicht gedrängt wie die Sardinen in den Gängen. Erste oder zweite Klasse war egal, wer saß, war glücklich und übte sich in Demut. Bevor sich das Gefährt in Bewegung setzte, gab es eine Durchsage des Lokführers: »Sehr geehrte Damen und Herren, ich habe mich breitschlagen lassen, diesen sogenannten Zug heute zu fahren. Suchen Sie sich irgendwo einen Platz und haben Sie Nachsicht mit meinen Kollegen vom Zugpersonal. Vielen Dank!«

Fred Werner, Weyhe-Lahausen

Survival-Kit für die Schienensauna

Defekte Klimaanlagen sorgen immer wieder für Ärger bei den Passagieren. Hier finden Sie zehn ultimative Hilfsmittel für eine beschwerdefreie Höllenhitzefahrt mit der Bahn.

Saunatuch (10 Euro): Zum Unterlegen. Taugt bei Klo- oder Speisewagen-Ausflügen auch als Schwitzplatzreservierung.

UV-Wasserentkeimer (circa 150 Euro): Sie haben nicht daran gedacht, Wasservorräte mitzunehmen, die auch für einen Sahara-Tagesausflug reichen würden? Dann hilft so ein kleines Gerät aus dem Outdoor-Fachgeschäft – nach 60 Sekunden Entkeimung können Sie sogar das Wasser aus dem Zugklo-Waschbecken trinken.

Handventilator (circa 7 Euro): Ganz großartig für Bahnfahrten sind Modelle mit LED-Textfunktion, bei denen wie durch Magie kurze Botschaften über den rotierenden Blättern erscheinen. Sie können damit wunderbar kurze Nachrichten an den Schaffner (»Will hier raus!«), Flüche (»Grube raus!«) oder Bedürfnisse (»Muss aufs Klo!«) kommunizieren – oder einfach nur um »Hilfe!« rufen.

Schwitzende Smartphone-Besitzer können sich selbst im Zug noch die **Blower-App (0,99 Euro)** herunterladen. Damit verwandelt sich der Handy-Lautsprecher in ein Gebläse, das immerhin stark genug ist, um eine Kerze auszupusten. Vor dem Hitzschlag wird das zwar niemanden retten, dafür macht es lustige Geräusche.

Ein nettes Wort für den Schaffner (0 Euro): »Ganz toll,

wie Sie hier trotz dieser Affenhitze so souverän Ihren Job machen!« ist schon nicht schlecht. Auch ein »Der Herr Grube könnte ruhig mal ein paar luftigere Uniformen rausrücken, was?« schafft ein angenehmes Gesprächsklima. Solche Herzlichkeit ist der Bahnangestellte an einem Hitzehorrortag nicht gewohnt – fragen Sie danach ganz freundlich, ob wohl in der ersten Klasse (mit funktionierender Klimaanlage) noch was frei ist.

Dose Raumspray (4 Euro): Sorgt dafür, dass es nicht mehr nach den Ausdünstungen der Fahrgäste, sondern nach Erdbeerjoghurt oder provençalischem Lavendelfeld riecht. Ab einer gewissen Dosis äußerst wirksam zum Verjagen aller anderen Passagiere aus dem überfüllten Abteil – die Freude darüber dürfte jedoch mangels Belüftungsmöglichkeiten nur von kurzer Dauer sein.

American-Football-Schulterpolster, Helm, Boxhandschuhe (circa 150 Euro): Sobald es wegen Hitze freie Getränke im Bordbistro gibt, kann ein Fahrgast besonders wirkungsvoll seinen Wunsch untermauern, einer der Ersten an der Theke zu sein. Auch beim Einsteigen in überfüllte Züge von Nutzen.

Acht-Kilogramm-Vorschlaghammer (30 Euro): Damit kriegt man sogar ein ICE-Fenster auf. Kann auch anstatt der Boxhandschuhe (siehe oben) auf dem Weg zum Bistro gute Dienste leisten.

Gesamtinvestition: etwa 350 Euro – eigentlich ein Schnäppchen, da Sie so Ihr Überleben sichern. Genauso viel zahlen zwei Personen für eine Zugreise von Hamburg nach Köln und zurück ohne Bahncard.

EC 378 ENTFÄLLT AUS TSCHECHISCHEN GRÜNDEN
H&B

Kapitel 11

Unterwegs im Ausland: **»Das Rauchen von Medikamenten aus Venlo ist nicht gestattet!«**

Wer in Norwegen in den Expresszug vom Osloer Flughafen in die Innenstadt steigt, findet vor sich ein laminiertes Din-A4-Blatt mit Sicherheitshinweisen. Durch Österreich können Passagiere im »Railjet« düsen, dessen Klassen »First« und »Economy« heißen. Ihre Sitzplätze reservieren sie online mit Hilfe einer detaillierten graphischen Darstellung der Kabinen. Beim neuen italienischen Hochgeschwindigkeitszug »Italo« dürfen Käufer der teureren Tickets am Bahnhof in speziellen First-Class-Lounges Platz nehmen. Es ist nicht zu übersehen: Wer im Ausland mit Zügen unterwegs ist, erlebt eine eindeutige Flugzeugisierung der Bahn. Denn eigentlich waren Bahner heimlich immer neidisch auf das Tempo im Luftverkehr. Nun versuchen sie, von der flotten Konkurrenz abzugucken, wie zeitgemäßes Reisen geht. Ob Bahn-Passagieren demnächst auch winzige Fenster und Minisitzabstände, Gepäckaufgabe und Sicherheitskontrollen drohen? Dann schon lieber Züge, die selbst in die Luft gehen: Ein Forscherteam der Tohoku-Universität in Japan hat einen Prototypen entwickelt, der in einer U-förmigen Betontrasse zehn Zentimeter über dem Boden schwebt und Geschwindigkeiten von bis zu 500 km/h errei-

chen soll. Dieser Aero-Train sieht mit seiner Flügelkonstruktion einem Düsenjet sehr ähnlich und soll bis 2020 serienreif sein – ein weiterer Grund, mal wieder im Ausland in einen Zug zu steigen. Denn dort erlebt man manchmal die herrlichsten Dinge, wie die folgenden Anekdoten belegen.

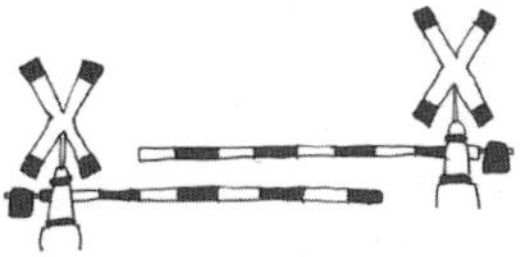

Vor mehreren Jahren im Eurocity von Köln nach Amsterdam: Der niederländische Zugführer musste alle Ansagen auch auf Englisch und Deutsch machen. Die deutsche Sprache kostete ihn dabei sehr viel Mühe. Nachdem er auf Niederländisch und Englisch mitgeteilt hatte, dass der Speisewagen wegen eines Stromausfalls außer Betrieb sei, wandte er sich folgendermaßen an die deutschsprachigen Fahrgäste: »Sehr geehrte Damen und Herren, ich muss Ihnen leider eine ernste Mitteilung machen. Im Speisewagen gab es einen schweren Unfall, aber keine Sorge, wir werden durchkommen … [lange Pause, irritierte bis entsetzte Gesichter bei allen anwesenden Deutschen] … mit der mobilen Minibar, wo du dich Getränke und Snacks kaufen kannst!«

Carsten Bauer, Kleve

Ich war in Zürich in den ICE nach Hamburg eingestiegen, der dann auch mit etwa fünf Minuten Verspätung im Schneckentempo losfuhr. Nach einem kurzen außerplanmäßigen Halt an

der nächsten S-Bahn-Station kam die Durchsage: »Befindet sich zufällig ein Lokführer an Bord?«, was einige Fahrgäste mit einem nervösen Lachen quittierten. Wir kamen dann mit etwa 15 Minuten Verspätung in Basel an. Dort schien dann ein Lokführer zugestiegen zu sein, da es von dort ohne weitere Verzögerung weiterging!

Stephan Huxol, Dübendorf, Schweiz

In einer Regionalbahn von Mönchengladbach nach Münster hörte ich folgende Durchsage: »Sehr geehrte Fahrgäste, das Rauchen von rezeptfrei mitgebrachten Medikamenten aus Venlo ist in diesem Zug *nicht* gestattet!«

Robert Schneiders, Aachen

Auf einer längeren USA-Reise war ich sehr viel mit Amtrak unterwegs, der nationalen Eisenbahngesellschaft. Als Schweizer bin ich es gewohnt, mit dem Zug zu reisen, doch in Amerika ist man in einer völlig anderen Bahnwelt. Einer Welt allerdings, in der es mit viel mehr Humor zur Sache geht als in Europa und in der die Toleranz der Fahrgäste, gerade was Verspätungen betrifft, ungemein groß ist. Hier ein paar Beispiele für amüsante Durchsagen auf verschiedenen Bahnreisen:

»Wir möchten Sie daran erinnern, dass in Amtrak-Zügen ein absolutes Rauchverbot gilt. Wenn Sie trotzdem rauchen, werden Sie in Handschellen abgeführt und in unser Geheimgefängnis nach Osteuropa gebracht.« – »Nächster Halt ist Eugene, Oregon. Das wird ein längerer Aufenthalt von etwa zehn Minuten. Sie können also, wenn Sie möchten, den Zug verlassen, um sich die Beine zu vertreten oder eine Zigarette zu rau-

chen. Bleiben Sie aber in der Nähe und achten Sie auf die Durchsagen. Wenn Sie die Abfahrt verpassen, sind Sie auf sich alleine gestellt – und wir verkaufen Ihr Gepäck.«

In einem Zug, der über mehrere Meilen wegen einer Baustelle nur 15 km/h fahren konnte: »Wenn Sie nach draußen schauen, sehen Sie riesige Ebenen. Stellen Sie sich vor, wie vor 200 Jahren die Pioniere in dieses weite Land kamen. Wir von Amtrak sind sehr geschichtsverbunden – um Ihnen das näherzubringen, fahren wir deshalb nun mit derselben Geschwindigkeit wie die Leute damals in ihren Planwagen!«

Nach einem außerplanmäßigen Halt auf offener Strecke: »Leute, wir haben gedacht, wir halten kurz an, damit ihr die schöne Aussicht länger genießen und unverwackelte Fotos machen könnt!«

Da auf vielen Strecken nur ein Zug pro Tag verkehrt und in kleineren Bahnhöfen manchmal nur fünf bis zehn Passagiere ein- und aussteigen, haben manche Schaffner einen guten Überblick über die Reiseziele der Fahrgäste. Durchsage des Schaffners vor der Abfahrt in einem kleinen Bahnhof: »Doktor Lester, das ist Ihr Stopp. Wir sind in Klamath Falls, hier müssen Sie aussteigen. Doktor Lester, bitte aussteigen.«

Peter Mangold, Davos, Schweiz

BAHN-ABC:
Tschüs und auf Wiedersehen

T

»Auf Wiedersehen« allein wäre zu altbakken, »Tschüs« zu knapp und endgültig – deshalb kamen die Sprachregelungsexperten bei Bahn und Fluggesellschaften auf die geniale Idee der Doppel-Verabschiedung, die in leicht singendem Ton mit wirkungsvollen Spannungspausen vor und nach dem »und« vorzutragen ist. Aus Gründen, die Wissenschaftlern bislang ein Rätsel sind, entfaltet sie jedoch nur durch einen Lautsprecher ihre locker-flockige Anmutung und niemals im persönlichen Gespräch. Von einer Übertragung ins Arbeits- oder Privatleben ist deshalb abzuraten: »Tschüs und auf Wiedersehen, Schatz!« »Tschüs und auf Wiedersehen, Helga!«

Im TGV von Straßburg nach Paris, irgendwann am frühen Morgen eines kalten verschneiten Februartags 2009. Der Zug hielt auf freier Strecke, kurz danach folgte eine schier endlose Erläuterung auf Französisch, warum man sich nun ein wenig gedulden müsse. Die folgende englische Übersetzung der Durchsage fiel erheblich knapper aus: »Ladies and gentlemen, the train has stopped!« (Meine Damen und Herren, der Zug hat angehalten!)

Andreas Wett, Freiburg

Nach einigen Wochen anstrengender Arbeit in Tokio gönnte

ich mir im Jahr 1986 vor dem Heimflug zum ersten Mal eine Reise durch Japan. Vom Norden bis in den Süden. Krönender Abschluss: die südwestliche Insel Kyushu, die wunderschön und sehr gebirgig ist. Sie wird von Eisenbahnlinien durchzogen, die aber wegen der schwierigen Trassenführung am Fels fast überall eingleisig sind.

Ich war unterwegs zur südlichsten japanischen Stadt, Kagoshima. Am höchsten Punkt der Bahnstrecke eine kleine Stadt und ein kurzer Halt. Ich stand vor den Fenstern auf der hintersten Plattform des letzten Waggons und konnte alles genau beobachten. Auf den Schildern am Bahnsteig stand: Abfahrt 16.10 Uhr. Doch schon um 16.07 Uhr fuhr der Zug ab. Ich wunderte mich, sah einen Mann die Treppe zum Bahnsteig heraufkommen. Er schaute auf seine Armbanduhr und konnte es offensichtlich nicht fassen, dass der Zug gerade vor seiner Nase abgefahren war.

Nach fünf Minuten bremste der Zug und kam zum Stehen. Danach ging es in hohem Tempo rückwärts in den Bahnhof. Kaum waren wir wieder am Bahnsteig, fuhr der Gegenzug ein. Neben mir stand der Schaffner, der seine Eisenbahner-Taschenuhr hervorzog und den Kopf schüttelte.

Ich reimte mir das so zusammen (da ich nicht Japanisch spreche, konnte ich nicht nachfragen): Der Lokführer ist einfach vorzeitig abgefahren, als kein Fahrgast mehr auf dem Bahnsteig stand. Dann wurde ihm jedoch signalisiert, dass ihm auf seinem Gleis ein anderer Zug entgegenkam, und er fuhr zurück. Zum Glück – neben dem Gleisabschnitt befindet sich eine mindestens 500 Meter tiefe Schlucht.

Peter Schuh, Mainz

Auf dem Weg von Berlin nach Rotterdam wird in Hengelo, der ersten Stadt in den Niederlanden, die Lok gewechselt. Dies bedeutet normalerweise einen Zwischenhalt von etwa zehn Minuten. Diesmal dauerte es aber sehr lange. Irgendwann tauchte sogar die holländische Polizei am Bahnhof auf. Die Fahrgäste wurden langsam unruhig, bis sie der sehr gut gelaunte holländische Schaffner in drei Sprachen (Holländisch, Deutsch und Englisch) fröhlich darüber aufklärte, dass der Zugführer seinen Führerschein vergessen habe und die Lok nicht fahren dürfe. Wir müssten nun auf einen Ersatz-Lokführer warten. Bis dahin sollten wir uns doch alle noch ein wenig gedulden und die Zeit beispielsweise für einen Besuch im Bordrestaurant nutzen.

Franka Birke, Berlin

Als ich 18 Jahre alt war, reiste ich allein per Bahn quer durch Kanada von Vancouver bis New Brunswick. Damals war ich extrem schüchtern, es ist eigentlich ein Wunder, dass ich den Mut für dieses Abenteuer aufbrachte. In einem der Züge war die Toilette mehrere Waggons von meinem Sitzplatz entfernt. Einmal bemerkte ich auf dem Rückweg vom Klo, dass mir die anderen Passagiere nachschauten. Ich dachte mir: »Toll, das muss daran liegen, dass ich super aussehe!« Allmählich kam es mir aber komisch vor, dass wirklich *jeder* guckte. Plötzlich bemerkte ich aus dem Augenwinkel etwas Weißes hinter mir. Ich drehte mich um – und entdeckte eine etwa 1,50 Meter lange Klopapierfahne, die hinten in meiner Hose klemmte. Ich wurde rot, wickelte das Zeug eiligst auf und rannte zurück zu meinem Platz. In meinem Leben habe ich

viele peinliche Situationen erlebt, aber das war definitiv die schlimmste!

Violette Clark, Surrey, Kanada

BAHN-ABC: Unterwegshalt **U**

Bahnsprech für einen Halt auf offener Strecke. Wenn nun jemand argumentiert, dass man doch eigentlich auch dann unterwegs ist, wenn man an einem Bahnsteig hält, dann könnte man fragen, ob es überhaupt möglich ist, gleichzeitig stillzustehen und unterwegs zu sein. Jetzt wird es aber arg philosophisch, eigentlich wollen wir nur sagen: Irgendwas stimmt mit der Formulierung nicht.

Während eines mehrmonatigen Aufenthalts in Kalifornien bin ich häufiger auf der Strecke Sacramento–Oakland unterwegs gewesen. Die Zugführer dort sind sehr freundlich und sehr locker im Umgang mit den Fahrgästen. Da wird man in Durchsagen schon einmal mit »Hey folks« an Bord begrüßt, und sonntags gibt es auch mal einen kurzen Vortrag über die Geschichte der Bahnstrecke oder über die täglichen Wettrennen mit der Fähre in der San Francisco Bay. Am amüsantesten war jedoch einmal die Ankündigung des nächsten Halts Berkeley. Der Zugbegleiter imitierte ein Huhn: »Berk-berk-berk-berk-berk-berk-berk-berk-e-ley. Next stop coming up, Berkeley!«

Daniel Esser, Pullheim

Ich wollte vom Londoner Bahnhof St. Pancras zum Flughafen Luton fahren, um meinen Flug nach Hamburg zu erreichen. Die Dame am Ticketschalter sagte mir, ich solle den Zug nach Nottingham nehmen. Ich verabschiedete mich hektisch von meinem Freund, weil der Zug schon auf dem Gleis stand, und sprang hinein. Der Zug, in den ich einstieg, war allerdings der falsche. Er fuhr zwar auch nach Nottingham, aber ohne Halt in Luton. Das hatte ich schon gemerkt, als der Zug noch stand, und die Zugbegleiterin gebeten, mich wieder hinauszulassen. Die Türen waren aber schon geschlossen und konnten auch von außen nicht mehr geöffnet werden. Und dann fuhr der Zug an.

Es hieß, der nächste Halt sei erst Market Harborough (weit hinter Luton). Ich müsse von dort wieder nach St. Pancras zurückfahren, um dann von da aus nach Luton zu gelangen. Der Zugführer bestätigte das. Ich sah schon das Flugzeug ohne mich abfliegen. Ich war den Tränen nahe, obwohl ich sehr nett getröstet wurde mit den Worten: »Don't worry, you are not the first and you won't be the last who is having this problem.« Doch der Zugführer wusste Rat: Er rief bei der Leitstelle an und fragte, ob der Zug außerplanmäßig in Luton halten dürfe. Er bekam die Erlaubnis tatsächlich! Schließlich hielt der Triebwagen in Luton am Bahnsteig, und ich musste schnell aus dem Abteil springen. Den Flug habe ich natürlich locker bekommen. Ohne die unkonventionelle Hilfe des netten Zugführers hätte ich ihn mit Sicherheit verpasst.

Katharina Lindhorst, Hamburg

Ich war vor circa acht Jahren in Griechenland an einem kleinen Dorfbahnhof. Es waren fünf Bahnangestellte dort, aber

kein Ticketautomat. Es verkaufte jedoch nur einer der Angestellten Tickets. Die anderen unterhielten sich direkt zwischen Warteschlange und Gleis miteinander und rauchten eine Zigarette nach der anderen, was außer uns Deutschen aber niemanden zu stören schien. Da wir nicht rechtzeitig unsere Tickets kaufen konnten, haben wir dann auch den Zug verpasst. Wehmütig sahen wir ihn abfahren und dachten, wir müssten jetzt eine Stunde auf den nächsten warten. Doch nach circa 10 bis 15 Minuten kam derselbe Zug rückwärts zurück zum Bahnhof. Wir – inzwischen mit Fahrkarte ausgestattet – waren natürlich froh und stiegen ein. Wir erkundigten uns, was denn passiert sei und weshalb der Zug umkehren musste. Die Antwort war, dass am Bahnhof die Weiche nicht korrekt umgestellt worden war. Der Zug war dadurch auf einem falschen Gleis gelandet und musste noch einmal komplett bis zum Bahnhof zurück. Und siehe da: Die vier Bahnangestellten hatten doch eine Aufgabe! Nachdem sie die Weiche gestellt hatten – was zwei Leute für einige Sekunden beschäftigte –, widmeten sie sich dann wieder ihrer Unterhaltung.

Stephan Schulz, Stuttgart

Schneller, höher, länger – die Guinness-Rekorde der Bahn

Das **längste Schienennetz der Welt** haben die USA: Mit 226.427 Kilometern ist es mehr als fünfmal so lang wie das deutsche. Das Gleisnetz Deutschlands ist das sechstlängste mit 41.896 Kilometern.

Der **größte Bahnhof** gemessen an der Anzahl der Bahnsteige ist das New Yorker Grand Central Terminal. In dem prachtvollen 1913 eingeweihten Gebäude in Manhattan liegen 44 Bahnsteige und 67 Gleise. 2016 soll eine neue Ebene unter den beiden vorhandenen mit weiteren vier Bahnsteigen und acht Gleisen gebaut werden.

Die **größte Modelleisenbahn der Welt** steht in der Hamburger Speicherstadt. Die Anlage im Miniatur Wunderland ist zurzeit 1300 Quadratmeter groß, bis 2020 sollen es mehr als 2300 Quadratmeter und insgesamt 20 Kilometer Gleise werden.

Die **schnellste Bahnverbindung** ist die Strecke zwischen den chinesischen Städten Guangzhou und Wuhan. Dort sind die Züge im Schnitt 350 km/h schnell. In Frankreich erreichen die Hochgeschwindigkeitszüge eine Durchschnittsgeschwindigkeit von 277 km/h, in Japan von 243 km/h.

In einer Höhe von bis zu 275 Metern überqueren die Zuggäste im Südwesten Chinas den Beipan-Fluss in der Nähe von Liupanshui – und damit die **höchste Eisenbahnbrücke.**

Die **älteste Eisenbahn der Welt**, die noch in Betrieb ist, ist die Volk's Electric Railway in Großbritannien. 1883 zuckelte sie zum ersten Mal am Strand von Brighton entlang.

Den Rekord des **längsten Passagierzugs** hat die Belgische Eisenbahngesellschaft NMBS 1991 aufgestellt. 70 Waggons mit einer Gesamtlange von 1732,9 Metern wurden bei einem einmaligen Versuch von einer Elektrolok gezogen.

Wenn 500 Leute in der Bahn sitzen und jemanden überfahren, dann ist das trotzdem nur 1 Toter! Wenn die 500 aber in ihrem Auto sitzen und jemanden überfahren, dann sind das 500 Tote!
Es sei denn, alle fahren über den selben drüber!
H&B

Kapitel 12

Zehn Gründe: **Warum man trotz allem Bahn fahren sollte**

Wenn das Meckern über die Bahn und ihre Schwächen mal wieder groß ist, haben es Anhänger des Schienentransports schwer. Um ihnen für Streitgespräche die nötige Munition zu liefern, brechen wir hier ungeachtet aller bekannten Schattenseiten mal eine Lanze. Nein, nicht für die Deutsche Bahn, Veolia oder irgendein Unternehmen. Sondern schlicht für das Ding auf Rädern, das über Gleise durch die Landschaft rast – wenn es nicht grad mal wieder bummelt.

1) **Der Relax-Faktor:** Wenn man einen Hochgeschwindigkeitszug erwischt, ist es in dessen Sesseln so gemütlich wie auf dem heimischen Sofa. Aber auch sonst kann der Passagier ungestört von hektischen, mit Rettungswesten hantierenden Stewardessen, der penetranten Stimme aus dem Navi-System oder endlosen Staus ein Nickerchen halten. Er kann mit seinen Kindern spielen, am Laptop arbeiten oder ein Buch lesen – und sich zwischendurch die Beine vertreten. Selbst die Toilette kann er jederzeit ansteuern, er muss dafür weder die Reiseflughöhe erreichen noch einen Rastplatz.

2) **Zugfahren hält schlank:** Wer den öffentlichen Nahverkehr benutzt, tut was für seine Linie. Für eine Studie in den USA beobachteten Mediziner ein Jahr lang Berufspendler, die vom Auto auf Bus und Bahn umgestiegen waren. Der Gang zur Haltestelle und ein gelegentlicher Sprint in Zeitnot reichten aus, damit die Bahnneulinge durchschnittlich drei Kilogramm abnahmen.

3) **Bahnfahren schadet Ihrer Gesundheit – nicht**: Wenn eine Zugreise Vielfahrer im Allgemeinen auch nicht gesünder macht, sie ist zumindest mit Abstand sicherer als das Autofahren (0 Unfalltote versus 3648 Tote im Jahr 2010). Zudem entkommt man auf Schienen auch solchen Gefahren, die regelmäßig im Flugzeug oder im Auto drohen. Strahlenbelastung oder Thrombose – Fehlanzeige. Geisterfahrer, Raser, Blechschaden – selten. Und eines führt der Bahn sogar viele Fernreisekunden zu: die Flugangst.

4) **Hightech erlaubt**: In Zeiten ungebremsten Kommunikationsbedürfnisses ist der Bahnfahrer auf seiner Reise nicht vom Rest der Welt abgeschnitten. Da gibt es kein »Schalten Sie Ihre elektronischen Geräte jetzt ab« vor der Abfahrt, kein Handyverbot auch nach dem Start. Per Smartphone kann bestenfalls im Internet gesurft werden, und immer mehr ICE werden mit WLAN-Technik ausgerüstet. Im Gegensatz zum Autofahrer hat der Bahnkunde für seine Spielzeuge sogar beide Hände frei, weil er kein Lenkrad halten muss.

5) **Refugium für Nostalgiker:** In Deutschland können zwar

nur noch manche Interregios, Nahverkehrszüge oder Relikte wie der Rasende Roland Wehmut über alte Zeiten auslösen. Doch was in Ländern wie Burma, Indien und Tansania tagtäglich über die Schienen rattert, stammt zum Teil aus Kolonialzeiten. Gepflegter, aber mit ähnlichem Ambiente genießt es sich in Luxuszügen wie Rovos, Orient-Express oder Blue Train – die eher Reiseziel denn Beförderungsmittel sind. Dort wird noch edles Porzellan aufgetischt, die Wände sind aus Holz, und ein Bett ist ein Bett und keine Pritsche. Wer wollte da schon gern in einem bejahrten Flieger aus alten Zeiten sitzen.

6) **Pünktlich wie ein Bahner:** Jawohl, die Bahn ist ganz schön pünktlich – auch wenn es sich oft nicht so anfühlt. Zumindest in Deutschland, Japan und der Schweiz. Die Deutsche Bahn zum Beispiel schaffte es nach eigenen Angaben im April 2012, die versprochene Ankunftszeit von Nah- wie Fernzügen zu 96,4 Prozent einzuhalten – eine Toleranz von 5:59 Minuten vorausgesetzt. Wer könnte wohl seine Fahrzeit im Auto von Hamburg nach München auf sechs Minuten genau voraussagen?

7) **Mittendrin statt Drüberweg:** Zwischen Nord- und Süddeutschland wandelt sich die Tiefebene zum Voralpenland – nichts davon bekommt ein Flugreisender über den Wolken mit. Der Bahnfahrer dagegen sitzt vor einem ungleich größeren Fenster in der ersten Reihe. Auf einem Flug nach Thailand etwa ziehen Rumänien, Iran, Pakistan und Indien unter der Maschine hinweg. Im Zug könnte man sich auf einer solchen Strecke vor den Eindrücken hinter der Fensterscheibe nicht retten. So

vielfältig wie ihre Kulturen sind auch die Mitfahrer im Waggon und so groß die Chance, sie kennenzulernen: Nirgendwo kommt man leichter ins Gespräch als in einem Bahnabteil.

8) **Das Öko-Argument:** Wer den Zug nutzt, verursacht einen geringeren Kohlendioxid-Ausstoß als Autofahrer oder Flugzeugpassagiere. Nach den Zahlen des Umweltbundesamts für das Jahr 2010 emittierte die Bahn im Durchschnitt 60 Gramm CO_2 pro Personenkilometer. Beim Auto waren es 140 Gramm und beim Flugzeug auf Inlandsstrecken 205 Gramm. Auf Flughöhe abgegeben, wirkt das Treibhausgas sogar noch klimaschädlicher als am Boden.

9) **Auf Sponti-Kurs:** Wer gegen unerschütterliche Flugfans argumentieren muss, sollte ihnen diese Quizfragen stellen: Sie wollen doch noch ein Stündchen länger als geplant bei Ihrer Wochenendbeziehung bleiben. Nehmen Sie a) ein späteres Flugzeug oder b) einen späteren Zug? Plötzlich fällt Ihnen ein, dass Sie jetzt doch gerne einen Zwischenstopp einlegen wollen – wo ist das möglich? Im a) Flugzeug oder b) Zug? Sie wollen noch heute spontan nach München. Fahren Sie a) zum Flughafen oder b) zum Bahnhof? Der Quizpartner wird merken: In puncto spontanes Reisen gewinnt b) – die Bahn! Auch wird dort nicht plötzlich ein Vielfaches des Normalpreises gefordert, Spätentschlossenen berechnen Fluggesellschaften meist Horrorsummen.

10) **Reisen wie vor 9/11:** Vor der Zugfahrt steht kein Boarding mit mehrfacher Ausweiskontrolle, kein Schuhe ausziehen

oder Nacktscan, kein Gürtellösen oder Shampoo-in-ein-Liter-Tütchen-Verpacken – die Angst vor Terroranschlägen hat zwar die Flughäfen verändert, aber kaum die Bahnhöfe. Und ein Ende der aufwendigen Prozeduren ist nicht in Sicht, denn noch ist Technologie, die gefährliche Stoffe im Gepäck von Reisenden erkennen kann, nicht einsatzbereit. Vielmehr wird der Flugpassagier immer gläserner, immer mehr Angaben werden in internationale Datenbanken eingespielt.

Aber auch Zugfans wissen: Oft kommt alles anders als geplant. Dann aber ist erstaunlicherweise jede Streckenpanne, jede Minute Zugverspätung und jeder verpasste Anschlusszug gefühlt schlimmer als etwa der Stau auf der Autobahn. Denn den hat man gewissermaßen selbst verschuldet (zu früh, zu spät, falsche Strecke gefahren). Oder auch schlimmer als ein Vulkanasche-Chaos im Flugverkehr. Denn dort ist die Angst vor einem Triebwerkausfall in 9.000 Meter Höhe groß genug, um nicht auf dem Start zu bestehen.

Harald Schmidt und die Bahn

Der Late-Night-Talker Harald Schmidt gilt als überzeugter Bahnfan. Das hält ihn jedoch nicht davon ab, in seinen Shows über die Widrigkeiten seines Lieblingstransportmittels zu lästern:

Schwarzfahren wird teurer. Wer nicht erwischt wird, spart jetzt noch mehr.

Über seine Bahncard 100 (kostet für die erste Klasse 6690 Euro im Jahr): Die zahle ich selbst. Schließlich will ich ja kein Bundespräsident werden.

Der Castortransport hat Gorleben erreicht. Im Inneren des Castor-Zugs herrschen 400 Grad Hitze. So viel wie im normalen ICE im Sommer.

Die Deutsche Bahn will 800 Millionen investieren, damit die Bahnhöfe schöner werden. Für mich war die größte Aktion zur Verschönerung der Bahnhöfe die Abschaffung der Wehrpflicht.

Die Hygiene lässt noch etwas zu wünschen übrig. In vielen Zugtoiletten riecht es dermaßen unangenehm, die CIA nutzt sie zum Teil schon als Verhörräume.

Eine Umfrage bei Bahnkunden sagt: Die Leute sind begeistert von dem freundlichen Personal. Ich bin auch begeistert: Ich applaudiere jedes Mal, wenn mein ICE an Wolfsburg vorbeifährt.

Alle 40.000 Kilometer muss jetzt ein ICE kontrolliert werden. Man hat zwei Millimeter lange Risse in den Achsen entdeckt bei der Ultraschalluntersuchung. Ich hoffe, George Bush kriegt das nicht mehr mit: noch eine Achse des Bösen.

Viele fragen: »Wenn ich jetzt diesen ICE benutze, der nur halb so lang ist, brauche ich dann die BahnCard 50?«

Die Mindestanforderung, damit ich in überfüllten ICEs aufstehe, ist: schwanger und Migrationshintergrund. Alles, was deutsch, korpulent und anorakig aussieht – da bleibe ich so was von sitzen. Ich fahre teilweise drei Stationen weiter, als ich muss – nur um zu ärgern.

...........pffffhhh..
...pff..........
.......pffff tt ...
H&B

Kapitel 13

Tückische Technik: **»Wir haben einen Fasan in der Bremszuleitung!«**

Ein Spantengerüst aus Aluminium, umhüllt von silbernem Segeltuch, und ein Propeller aus Eschenholz am Heck: Der »Flugbahn-Wagen« von Franz Kruckenberg sah aus wie ein Zeppelin, aus dem man Luft abgelassen hat und der auf Schienen gelandet war. Der Prototyp war, als er 1931 vorgestellt wurde, nicht weniger als eine Revolution. Bisher hatten im Wesentlichen Lokomotiven mit riesigen Stahlrädern das Bild von der Eisenbahn geprägt, jetzt wollte ein Schiffs- und Flugzeugbauingenieur einen 26 Meter langen Leichtbau-Schnelltriebwagen mit knapp 20 Tonnen Gewicht auf Reisen schicken. Das Publikum war enthusiastisch, die Direktoren der damals noch jungen Deutschen Reichsbahn reagierten trotz erfolgreicher Probefahrten skeptisch. Daher musste ein enormer Aufwand an Sicherungsmaßnahmen betrieben werden, bevor der 48-jährige Kruckenberg am Steuer seines »Schienenzeppelins« einen Rekordversuch starten durfte. Am frühen Morgen des 21. Juni 1931 ruhte sämtlicher Zugverkehr auf der Strecke von Hamburg nach Berlin. Alle Schranken waren doppelt gesichert, und Polizisten wehrten Schaulustige ab, die dem Gleisbett zu nahe kamen. »Das silbergraue, in seiner

stromlinienförmigen Gestaltung pfeilschnelle Fahrzeug macht den Eindruck technischer Vollendung«, schrieben die »Hamburger Nachrichten«. Und pfeilschnell war der Luftikus mit dem 600-PS-Flugzeugmotor tatsächlich: Die 257 Kilometer lange Strecke legte er in 98 Minuten zurück und erreichte zwischen Karstädt und Dergenthin eine Höchstgeschwindigkeit von 230,2 km/h. Weltrekord! Erst 23 Jahre später wurde er gebrochen. Und schneller als das technische Wunder der dreißiger Jahre konnte die beiden Großstädte erst der ICE im Jahr 2004 verbinden, allerdings lediglich um acht Minuten. Franz Kruckenberg und seinem »Torpedo auf Schienen« war allerdings kein Erfolg beschert. Denn der schnittige Triebwagen hatte ein paar entscheidende Macken: Er war ohrenbetäubend laut, konnte nicht rückwärtsfahren, benötigte zum Rangieren eine Batterie – und er konnte keine Waggons ziehen. Mehr als 24 Passagiere zugleich hätten den wilden Ritt nicht erleben können. Schon 1932 wurde der Zeppelin durchgesägt, dann mehrmals umgebaut, bevor er 1939 kurzerhand verschrottet wurde. Das Regiment auf den Schienen übernahmen dann weniger visionäre Entwürfe – doch der schlanke Schienenzeppelin blieb der Urahn von ICE, Shinkansen und TGV.

Ihre Macken haben aber auch diese modernen Hightechzüge – bestenfalls kann das zu lustigen Erlebnissen führen, wie die folgenden Anekdoten berichten.

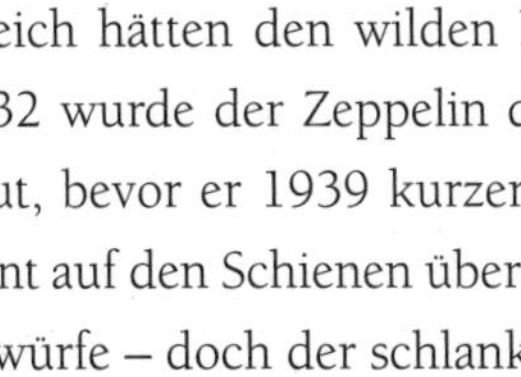

Vor ein paar Jahren im Hamburger Regionalzug S4 Richtung Ahrensburg: »Achtung, eine Durchsage! Aufgrund einer defekten Lautsprecheranlage wird es heute keine Durchsagen geben.«

Matthias Kluth

Im Jahr 1998 fuhr ich im Interregio von Hannover nach Magdeburg. Es war kalt im Abteil, also drehte ich die Heizung hoch. In dem Moment ging das Licht aus, und der Zug blieb für bestimmt zehn Minuten stehen. Ich fragte mich, ob das mit meiner Heizung zusammenhing. Also habe ich den Schalter wieder ausgedreht – da ging doch tatsächlich das Licht wieder an, und der Zug fuhr weiter. Weitere Experimente habe ich mir verkniffen.

Thomas Wille

Auf einer Fahrt von Bergisch Gladbach nach Dormagen hatte die S-Bahn einen Defekt und fuhr nicht weiter. Nach kurzer Zeit meldete sich der Zugführer über die Lautsprecher im breitesten Kölsch: »Sehr verehrte Damen und Herren, die Lok, die dät et nimmie!«

Erik Wolter, Kerpen

Als mein ICE von München nach Stuttgart mit einiger Verzögerung losfuhr, war folgende Durchsage zu hören: »Liebe Fahrgäste, aufgrund einer Störung am Triebfahrzeug haben wir bereits zehn Minuten Verspätung. Da wir unsere geplante Höchstgeschwindigkeit nicht erreichen können, wird sich die Verspätung im Laufe der Fahrt noch ausweiten. Wir bitten um

Entschuldigung.« In der irrigen Annahme, dass er das Mikrofon ausgeschaltet habe, unterhielt der Fahrer anschließend in breitestem Bairisch die Fahrgäste weiter: »Dreckskarren, verreckter! Scheißkisten, blede! Oiwei fehlt was anders. Do kannst ja besser mim Traktor fahrn!« Ein Knacksen im Lautsprecher. Schweigen. Dann eine erneute Durchsage: »Liebe Fahrgäste, Sie haben eben etwas zu hören bekommen, was nicht für Ihre Ohren bestimmt war. Das tut mir leid. Aber zum Inhalt stehe ich!« Die Reaktion war spontaner Beifall der Fahrgäste.

Michael Erhard, München

Wir fuhren mit der S1 von Essen aus in Richtung Dortmund. Die Fahrt verlief ganz normal, vielleicht ein bisschen ruckelig. Dann hielten wir plötzlich auf offener Strecke an, und der Lokführer meldete sich per Funk zu Wort: »Sehr geehrte Damen und Herren, nicht dass Sie denken, dass ich nicht fahren kann. Wir haben hier momentan ein technisches Problem, so dass ich entweder nur Vollgas geben oder bremsen kann.« Der ganze Zug lachte, und kurz darauf ging die Fahrt ruckelig weiter.

Jan Peter H., Bottrop

BAHN-ABC:
Verständnis

V

Schicksalsergebene Gemütshaltung, die Bahnmitarbeiter selbst bei massivsten Pannen oder Verspätungen von den Fahrgästen erwarten. Doch eigentlich müsste man den Satz »Wir danken für Ihr Verständnis« dringend mal umformulieren, vielleicht so: »Unser besonderer Dank gilt den Passagieren, die sogar jetzt noch Verständnis haben.«

Kurz vor Münster hielt der Intercity an. Man konnte den Bahnhof schon sehen, geschätzt wären es zehn Minuten zu Fuß auf den Gleisen gewesen. Mein Blick auf die Uhr verriet mir, dass es knapp wurde mit meinem Anschlusszug – ich hatte nur 20 Minuten zum Umsteigen. Nach circa 15 Minuten kam eine Durchsage, die gut in die TV-Sendung »Verstehen Sie Spaß?« passen würde. Mit einer Stimme, die stark an Helge Schneider erinnerte, sagte der Zugführer: »Wir haben einen Fasan in der Bremszuleitung! Eine Weiterfahrt ist bis auf Weiteres nicht möglich!« Diese Stimme, diese Art der Betonung und dann noch der Text: Ich war mir sicher, Helge Schneider persönlich sitzt vorne am Mikrofon. Den Anschluss in Münster hab ich nicht mehr gekriegt – aber fast war es das wert!

Kathrin Hoffmann, Köln

Relativ langsam fuhr der Regionalexpress von Dortmund nach Herne in den Bahnhof Dortmund-Mengede ein: Der Lokführer machte eine Durchsage und kam nur bis zu »Meine Damen und Herren …« Dann war über die Lautsprecher ein erschrecktes, lautes »*Oh, Scheiße!*« zu hören. Es gab einen Knall, und der Zug stand kurz vor Mengede. Was war passiert? Die Oberleitung war heruntergefallen – kein Anschlag, einfach so passiert. Deshalb mussten wir eine Zeitlang warten, bis der Zug von einer Diesellok die circa 200 Meter in den rettenden Bahnhof geschleppt wurde. Bald kamen Schienenersatzbusse, wobei es jedoch auch ein kleines Problem gab: Der Fahrer kannte zwar den Weg zum nächsten Halt Castrop-Rauxel, aber von dort aus nicht den Weg zum Bahnhof Herne. Also setzte ich mich vorne zum Fahrer und erklärte ihm den Weg. Die Fahrgäste nahmen das Ganze relativ locker. Mit fast zwei Stunden Verspätung kamen wir in Herne an.

Mark Nowiasz, Dortmund

Auf einer Fahrt von Frankfurt nach Dresden mussten einige Mitfahrer schon bei der obligatorischen Begrüßung schmunzeln, da die Ansage im schönsten Sächsisch gemacht wurde. Allerdings wurden alle, die meinten, dass dies schon tiefster Dialekt wäre, schnell eines Besseren belehrt. Man merkte, dass der Bahnmitarbeiter sich durchaus um das Hochdeutsche bemüht hatte. Denn er vergaß nach der Ansage, das Mikrofon auszuschalten, und ging mit einem Kollegen gut gelaunt eine Checkliste durch. »Tschägg, Lämmbschen äins läuschted grün, Lämmbschen zwai läuschted ouch. Tschägg, ölles wunnderboar.« Diese zwei Minuten trugen ungemein zur Heiterkeit auf

dieser Zugfahrt bei, und ich war froh, dass »alle Lämmbschen grün läuschtedden«.

Andreas Kappl, Fulda

Im Regionalexpress von Leipzig nach Cottbus war ein älterer Herr als Zugbegleiter eingesetzt. Hektisch rannte er durch das Abteil, die Schiebetür fiel hinter ihm zu, kurz darauf schrie eine laute männliche Stimme über die Lautsprecher »Eins, zwei, drei« und »Test, Test, Test«. Die Leute im Abteil schauten einander verdutzt an. Die Stimme war noch einmal zu hören: »Eins, zwei, drei – Test, Test.« Dann Ruhe. Kurze Zeit später kam der Zugbegleiter wieder ins Abteil: »Und? Haben Sie mich gehört?«

Sabine Lindemann

Hauptbahnhof München: Statt meines ICE, der mich nach Mannheim bringen sollte, stand das Gleis voller alter D-Zug-Waggons – offenbar alles, was die Abstellgleise so hergaben. Ich fragte einen Bahnmitarbeiter: »Glauben Sie, dass man mit diesem Sammelsurium den Intercity in Mannheim rechtzeitig erreichen kann?« Die Antwort: »Das kommt ganz darauf an, welche Lokomotive wir vorne dranspannen!« Kurz darauf setzte sich der Zug knirschend und klappernd in Bewegung. Durchsage über den Lautsprecher: »Aus Gewichtsgründen haben wir keinen Speisewagen dabei, Erfrischungen werden Ihnen in Stuttgart durch die Fenster gereicht.« Der Zug rumpelte über die Gleise und fuhr mit gefühlten 200 Sachen in Richtung Stuttgart. Dort kamen wir pünktlich an, es wurden tatsächlich Snacks und Bier durch die Schiebefenster verkauft.

Der Zug fuhr weiter auf die Neubaustrecke in Richtung Mannheim, die fast nur aus Tunneln besteht. Der Lokführer beschleunigte auf gefühlte 300 Sachen – ich hatte das Gefühl, der Zug könnte beim Rein- und Rausfahren aus den Tunneln explodieren. So erreichten wir Mannheim zehn Minuten zu früh! Am Bahnsteig gab es Applaus für den Lokführer, der reckte den Daumen hoch aus dem Fenster und sagte: »Wir müssen heute noch Dortmund erreichen!« Ob der Zug jemals als Ganzes dort angekommen ist, weiß keiner. Meine Weiterfahrt in einem recht modernen Intercity war jedenfalls eher langweilig.

Klaus Carstens

BAHN-ABC:
Wagenstandsanzeiger

W

Schautafel am Bahnhof, die üblicherweise etwa drei Minuten vor Einfahrt des Zuges ihre Bedeutung verliert, weil der Zug wieder einmal in umgekehrter Wagenreihung verkehrt.

Ich hatte schon beim Einsteigen in die Regionalbahn von Trier nach Saarbrücken gemerkt, dass das Schild »Defekt« an der einzigen Toilette hing. Wir sind dann losgefahren, und kurz vor dem planmäßigen Halt in Merzig kam eine Durchsage: »Sehr geehrte Fahrgäste, aufgrund der defekten Toilette an Bord

machen wir in Merzig zehn Minuten Pinkelpause. Wer mal muss, soll sich bitte beim Triebfahrzeugführer kurz abmelden.« Das Lachen im Zug war großartig!

Johannes Kuchlbauer, Völklingen

Im ICE von Hamburg nach Frankfurt war ein sehr sympathischer und eloquenter Zugbegleiter über die Lautsprecheranlage zu hören. Seine warme Stimmfärbung hätte er glatt beim Fernsehen gelernt haben können. Entsprechend filmreif war eine Durchsage zwischen Göttingen und Kassel: »Sehr geehrte Damen und Herren, wir müssen Ihnen leider mitteilen, dass in Wagen 4 die Stromversorgung verlorengegangen ist und bisher auch nicht wiedergefunden wurde. Aus Sicherheitsgründen müssen wir Sie bitten, den Waggon zu verlassen – Sie dürfen sich laut der Bestimmungen nicht in einem Wagen ohne Stromversorgung aufhalten. Aber machen Sie sich keine Sorgen – in den Wagen 1 bis 3 stehen noch ausreichend Sitzplätze zur Verfügung. Vielen Dank.« Die Erheiterung in den nicht betroffenen Wagen war anschließend groß.

Martin Klein, Wiesbaden

Vor einigen Jahren hörte ich folgende Durchsage in einem Intercity von Essen in Richtung Leipzig: »Sehr verehrte Damen und Herren, wir begrüßen die zugestiegenen Gäste auf unserer Fahrt. Bitte beachten Sie auch unser gastronomisches Angebot im Speisewagen zwischen der Ersten und Zweiten Wagenklasse. Genießen Sie ein Stück Kuchen mit einem Heißgetränk oder unser Angebot der Woche.« Dann kam: »Aufgrund einer technischen Störung steht Ihnen heute der Speisewagen leider

nicht zur Verfügung.« An dieser Stelle musste der Schaffner selber kichern.

Thomas Meier, Koblenz

Kurz nach der Ausfahrt aus dem Bahnhof Stuttgart blieb mein Intercity stehen. »Verehrte Fahrgäste, wir haben ein technisches Problem mit der Lok. Ich informiere Sie, sobald wir Genaueres wissen«, sagte der Zugführer. Etwa 15 Minuten vergingen, dann fuhr der Zug wieder an und erreichte bald eine Spitzengeschwindigkeit weit über der üblichen auf dieser Strecke. Ich dachte: »Um Gottes willen, die Bremsen werden doch wohl nicht versagen?« Dann kam eine neue Durchsage: »Verehrte Fahrgäste, hier haben irgendwelche Lämpchen geleuchtet. Wir wissen auch nicht, was die zu bedeuten hatten, jetzt sind sie jedenfalls wieder aus. Um die entstandene Verspätung aufzuholen, müssen wir jetzt etwas schneller fahren.«

Christine G., Düsseldorf

Ich hatte einen Platz im Großraumwagen im ICE von Dortmund nach Hamburg reserviert. Als ich an meinen Sitz kam, stand dort in blauen Leuchtbuchstaben im Display: »Berlin – Leipzig«. Ich war nicht die Einzige mit einem solchen Problem, an anderen Plätzen standen phantasievolle Städtekombinationen wie »Wien – Bratislava« oder »Zürich – Mailand«. Als die Fahrgäste feststellten, dass an jedem Sitz etwas nicht stimmte, waren die meisten eher amüsiert als verärgert. Über Mikrofon entschuldigte sich der Lokführer, dass bei der Reservierungsanzeige etwas schiefgelaufen sei, und versprach, das

nun zu korrigieren. Die Leuchtschrift ging aus. Es dauerte ein paar Minuten, bis auf den Displays wieder etwas zu sehen war: genau die gleichen Ortsangaben wie vorher. Jetzt kam die Durchsage, dass die Technik leider defekt sei – man müsse jedoch einfach die beiden Städte vertauschen, dann stimme es wieder. Vor allem die Fahrgäste mit den angeblichen Zielen Wien und Zürich staunten nicht schlecht.

Julia Fischer, Hamburg

Im Regionalexpress von Elmshorn nach Hamburg hatten wir uns, da alle Abteile schon besetzt waren, ins Fahrradabteil direkt hinter dem Triebwagen gesetzt. So konnten wir alle Funksprüche mithören. Nach einiger belangloser Kommunikation kam die Aufforderung: »Lok xyz bitte melden.« Kurz darauf wurde sie mehrfach wiederholt. Wir waren schon genervt von dieser knarzenden Stimme, als die letzte Durchsage uns entschädigte: »Lok xyz, bitte melden Sie sich sofort in der Zentrale. Ihr Funkgerät ist defekt!« Brüllendes Gelächter nicht nur auf den Klappsitzen im Fahrradabteil, sondern auch im Triebwagen. Anschließend schien die Zentrale aber selber gemerkt zu haben, dass sich der Lokführer mit seinem defekten Funkgerät wohl nicht melden konnte. Den Rest der Fahrt herrschte wieder Ruhe.

Laura Schulze, Pinneberg

Im Nachtzug CNL 1287 von München nach Hamburg, morgens um 8.30 Uhr. »Meine Damen und Herren, in 10 bis 15 Minuten erreichen wir unseren nächsten Halt Hamburg Hauptbahnhof«, sagte der Lokführer mit deutlich hörbarem sächsischem Zungenschlag. »Über Ihre Anschlusszüge kann ich Ihnen aufgrund der erfolgten Zeitumstellung leider keine Angaben machen – auf meiner Anzeige hier steht nur das, was ab 9.55 Uhr fährt.«

Die Umstellung von Sommer- auf Winterzeit war allerdings schon mehr als 24 Stunden her. Drei Minuten später war eine andere Stimme zu hören: »Der nächste Ausstiegshalt ist Hamburg-Harburg.« Die Haltestelle war offenbar ebenfalls durch die Zeitumstellung vorübergehend verschwunden gewesen.

Michael Roth, Hamburg

BAHN-ABC:
X

Symbol unten links auf dem Touchscreen eines Fahrkartenautomaten, neben dem das Wort »Abbrechen« steht. Wegen der hochkomplexen Softwarearchitektur und der vielen Auswahlmöglichkeiten enden schätzungsweise 90 Prozent der geplanten Ticketkäufe mit einem Druck auf diese Taste.

Auf einer schon verspäteten ICE-Fahrt von Bielefeld nach Bonn hielten wir längere Zeit an einem Bahnhof auf der Strecke.

Wird man für gewöhnlich eher mit »Störungen im Betriebsablauf« als Ursache abgespeist, hatte der Zugchef dieses Mal ein großes Mitteilungsbedürfnis. »Sehr verehrte Fahrgäste, hier eine nicht so schöne Nachricht: Beim Lokführer ist der Funk ausgefallen, und wir dürfen nicht weiterfahren. Er weiß nicht genau, wie er ihn reparieren kann. Testweise wird er deshalb gleich den Computer runterfahren, etwas warten und dann wieder hochfahren. Das ist genauso wie bei Ihrem Computer zu Hause, wenn der nicht mehr das macht, was Sie wollen. Es wird also gleich das Licht ausgehen, und die Türen können zeitweise nicht benutzt werden. Das wird mindestens zehn Minuten dauern, eher mehr.« Das Licht ging aus und wieder an, gefolgt von der Durchsage: »Verehrte Fahrgäste, es gibt im Moment leider nichts Neues. Der Lokführer versucht immer noch, die Störung zu beheben.«

Nach einer Weile fiel ihm der gerade einfahrende Intercity auf dem gegenüberliegenden Gleis nach Köln auf. Mit hektischer Stimme sagte er: »Verehrte Gäste, da steht ein IC nach Köln am anderen Bahnsteig – halten Sie ihn auf!« Einige Fahrgäste taten wie geheißen, sprangen aus ihren Sitzen und eilten zu dem Intercity. Viele andere blieben jedoch mit dem Gefühl im ICE, das Finale dieses Comedy-Programms noch nicht erlebt zu haben. Als unser Zug die Fahrt nach der Durchsage »Funk und Computer funktionieren wieder« fortsetzen konnte, sahen sie sich durch folgende Worte bestätigt: »Meine Damen und Herren, Abenteuer Eisenbahn! Es ist spannend und es bleibt spannend. Dazu in Kürze mehr.« Spätestens jetzt hatten die verbliebenen Fahrgäste Bücher und Zeitschriften beiseitegelegt und warteten äußerst amüsiert und gespannt darauf,

wie es nach diesem Cliffhanger wohl weitergehen würde. Wenige Minuten vor der Ankunft in Köln kam die Auflösung: »Verehrte Fahrgäste, in Köln endet heute außerplanmäßig diese Zugfahrt. Der Grund: besagter Computer beim Lokführer. Im Namen der Deutschen Bahn und des Computers bitte ich vielmals um Entschuldigung.« Nach Ankunft wurden wir noch freundlichst verabschiedet. Im Gegensatz zu früheren ähnlichen Erfahrungen stiegen die meisten Fahrgäste mit einem Lächeln aus dem Zug.

Henrik Segelhorst, Bonn

Das rollende Radio

Zwischen Entertainment und Politpropaganda: In den Zügen der DDR gab es mit dem Zugfunk ein eigenes Radioprogramm. Die ersten Zuhörer, die in den Genuss der rollenden Sendung kamen, waren FDJ-Mitglieder, die 1949 zu den Weltfestspielen der Jugend nach Ungarn reisten. Ein Packwagen ihres Sonderzugs wurde zu einem Hörfunkstudio umfunktioniert. Die Moderatoren mussten die Tonarme auf die Schallplatten drücken, damit sie bei dem Rattern über die Gleise nicht aus der Spur sprangen.

Bald war eine ganze Abteilung der Deutschen Reichsbahn dafür zuständig, die Passagiere mit politischer Propaganda und Nachrichten zu versorgen. Es gab sogar eigene Sendebahnabteile und mobile Tonbandgeräte. In den sechziger Jahren wurde der Zugfunk eingeschränkt. Nur noch die Urlauber im »Touristenexpress« (Tourex) wurden be-

schallt, auf ihrer Fahrt ans Schwarze Meer hörten sie Reiseinformationen, Sprachkurse und Rätselsendungen. Und auch in Bahnhöfen war der sozialistische Zugfunk aktiv: In sogenannten Kulturräumen konnten die Programme von wartenden Bahnfahrern gehört werden.

Heute passiert echt überhaupt nichts.
In 25 Minuten.
DB
SOS
Info
H&B

Kapitel 14

Am Bahnhof: **»Es fährt ein: der Regionalzug nach ›Fahrtziel nicht hinterlegt‹!«**

Als ein 27-jähriger Bayer an einem Samstagmorgen mit einem massiven Kater aufwachte, bot sich ihm ein ungewohnter Anblick. Von seinem Holzbett aus sah er eine Bahnoberleitung, ein rosafarbenes Bahnhofsgebäude, ein Werbeplakat der Diakonie, grauen Betonboden – und mehrere Polizisten. Am Vorabend hatte er mit Freunden im Nachbarort Warngau eine Party gefeiert. Wie er dann auf den Bahnsteig von Holzkirchen gelangt war, wäre wohl selbst mit nüchternem Kopf schwer zu rekonstruieren gewesen. Doch seine fiesen Zechkumpane hatten per Kamera alles für die Nachwelt dokumentiert: Nachdem der Mann friedlich eingeschlummert war, kamen sie auf die Schnapsidee, ihn samt Bett, Kissen und Decke per Autoanhänger Richtung Bahn zu befördern. Keiner war mehr fahrtüchtig, deshalb zogen sie das Gefährt selbst.

Am Bahnhof Warngau schließlich verfrachteten sie den Schlafenden in den nächsten Regionalzug der Bayerischen Oberlandbahn gen München. Da Personentransporte für Fahrgäste im eigenen Bett nicht vorgesehen sind, trugen Bahnmitarbeiter an der nächsten Haltestelle das komplette Ensemble nach draußen und verständigten die Polizei. Auf Bahnsteig 4

in Holzkirchen wachte das müde Partyopfer schließlich auf. »Er war zunächst befremdet, weil seine Umgebung sich geändert hatte«, berichtete Michael Janski, stellvertretender Dienststellenleiter der Polizei von Holzkirchen. Strafrechtliche Konsequenzen hatte der Vorfall aber nicht: So etwas werde unter »Burschenstreich« verbucht, sagte der Polizist.

Man muss nicht sturzbetrunken sein, um an Bahnhöfen seltsame und lustige Dinge zu erleben – was Passagiere sonst noch berichten, lesen Sie hier.

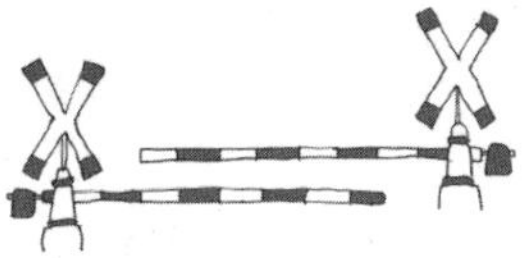

Am Berliner Hauptbahnhof stürzte ich hastig die Treppe hoch, um meinen ICE nach Wolfsburg zu kriegen. Wegen zahlreicher Verspätungen an diesem Tag fragte ich einen Herrn in Bahnuniform sicherheitshalber vor dem Einsteigen: »Halten Sie auch in Wolfsburg?« Antwort: »Nein.« »Und wann kommt der ICE, der in Wolfsburg hält?« Das Piepen kündigte schon das Schließen der Türen an. »Na, dit is dieser, ick fahre aber nich mit, ick jehöre zum Bahnhof.«

Frank Muschalle, Berlin

Während des ersten heftigen Schneefalls im Dezember am Bahnhof Köln-Deutz, 9:20 Uhr: »Meine sehr geehrten Damen und Herren, unsere Hinweistafeln und das Ansagesystem sind heute teilweise gestört.« Kurze Pause. Es raschelte und knister-

te in den Lautsprechern. Kurz darauf schallte es durch die Boxen über alle Gleise: »Sag mal, Monika, wie war's denn auf dem Weihnachtsmarkt letztes Wochenende? Ist der Kurt eigentlich noch mit Uschi zusammen?« – »Nein, glaube nicht, war aber auch nicht da. War krank.« Während sich Hunderte Reisende ob der aus dem Büro der Stationsansagerinnen preisgegebenen Intimitäten noch verdutzt die Ohren rieben, donnerte es aus den Boxen. »Gesundheit!«, hörte man im Anschluss an den akustischen Schnäuzorkan. Der an diesem Morgen durch die Lautsprecher übertragene Dialog dauerte noch einige unterhaltsame Minuten an.

Sebastian Ackermann, Köln

In Hannover fragte eine alte Dame am Bahnsteig den Bahn-Bediensteten: »Entschuldigung, gibt es hier eine Telefonzelle?« Darauf der Bahn-Mensch: »Ja, dahinten, sehen Sie dieses hässliche magentafarbene Ding in der Farbe Ihrer Jacke?«

Yassin Musharbash, Berlin

An einer Münchener U-Bahn-Haltestelle. Zwei Heranwachsende mit besonders weiten Hosen und besonders dicken weißen Daunenjacken schlenderten besonders lässig, langsam und breitbeinig direkt am Zug entlang. Die U-Bahn konnte deshalb aus Sicherheitsgründen nicht losfahren. Der Fahrer brüllte entsprechend genervt, sehr laut und in derbstem Bairisch durchs Mikrofon: »Wenn dann der weiß-jackerte Lackl und sei sauberer Spezl aus unserm Sicherheitsstreifen rausgangerten, dann kannt ma losfohrn, zefix.«

Christian Ries, Dürrfeld

Im Regionalexpress kam direkt nach dem Halt an einem Bahnhof vor Karlsruhe folgende Durchsage: »Verehrte Fahrgäste, bitte steigen Sie nicht an den vorderen Ausgängen aus, die Türen öffnen sich nicht!« Pause. Nochmals die Durchsage: »Bitte versuchen Sie nicht, an den vorderen Türen auszusteigen. Benutzen Sie die Ausgänge weiter hinten im Zug.« Pause. Dann: »Der Bahnsteig … wurde verfehlt!« Der ganze Zug hat gelacht – bis auf die, die vorne aussteigen wollten.

Tobi W., Karlsruhe

BAHN-ABC:
Yamanashi-Teststrecke

Y

18 Kilometer lange Trasse für Testzüge der Magnetschnellbahn JR-Maglev in Japan, dem Lieblingsland von Fans schneller Bahnen. Mit 581 km/h wurde hier im Dezember 2003 der bis heute gültige Geschwindigkeitsrekord für Schienenfahrzeuge aufgestellt. Eine Zeitlang durften bei Testfahrten sogar Besucher mit – dabei galt allerdings ein Tempolimit von vergleichsweise schneckenhaften 501 km/h.

Vor rund fünf Jahren sagte der Schaffner bei der Einfahrt in den Bremer Hauptbahnhof in starkem Berliner Dialekt die Anschlussverbindungen an. Abschließend verabschiedete er sich mit den Worten »Ihre Deutsche Reichsbahn«.

Carsten Binnewies

Aufgrund einer Verspätung war eine U-Bahn in München bereits am Startbahnhof brechend voll. Besonders die ersten und letzten Wagen, da die Auf- und Abgänge oft an den Enden des Bahnsteigs sind und man in den älteren Zügen nicht durchgehen kann. Als die Türen dann so blockiert waren, dass sie nicht mehr schließen konnten, sagte der Fahrer in nettem bairischem Dialekt durch: »Sehr verehrte Fahrgäste, dies ist ein unterirdischer Zug mit folgenden Längenmaßen …« Die Meterangaben folgten, dann: »Das Fahrzeug besteht aus insgesamt acht weiß-blauen Wagen, wovon jeder Wagen im Durchschnitt drei Türen besitzt, was in etwa 24 Zutrittsmöglichkeiten entspricht. Wenn Sie sich also bitte entsprechend prozentual auf diese Türen aufteilen würden, könnten sich die vorderen und hinteren zwei Türen schließen und wir endlich weiterfahren.« Das hat dann tatsächlich funktioniert!

Christian Ries, Dürrfeld

Durchsage am Bahnhof: »Wegen dringender Mäharbeiten am Gleis entfällt heute die Regionalbahn.«

Svenja Koch, Hildesheim

Am Hauptbahnhof Düsseldorf: »Wegen einer Streckensperrung zwischen Köln und Düsseldorf verspätet sich die Einfahrt aller Züge. Wir haben einen unentschlossenen Selbstmörder auf der Strecke.«

Christine Bolte, Münster

In der Regionalbahn von Köln nach Euskirchen hört man am Halt Erftstadt beinahe täglich die Durchsage, dass die Leute

doch bitte aus den Türbereichen zurücktreten mögen, damit der Zug weiterfahren kann. An diesem Tag hatte der Lokführer dies bereits mehrfach durchgesagt, aber keinen Erfolg erzielt. Er versuchte es dann zunächst mit einer Erklärung: »Meine Damen und Herren, Türen sind offen zu nennen, solange sie nicht geschlossen sind.« Gelächter bei einigen Mitreisenden. Die Leute, die sich an der Tür weiterhin mit ihren Bekannten auf dem Bahnsteig unterhielten, blieben unbeeindruckt. Daraufhin die nächste Durchsage: »Achtung, werte Reisende, ich überbrücke jetzt das Sicherheitssystem. Sonst kommen wir hier vor lauter Gequatsche gar nicht mehr los.«

Monika Dressler, Rheinbach

Am Bahnhof: »Der ICE nach Hamburg wird mit circa zehn Minuten Verspätung einfahren, da der Zugführer verschlafen hat.«

Pia D., Amsterdam

Ich habe mich über den Dortmunder Bahnhof amüsiert, wo einmal nicht die verspäteten Züge ausgerufen wurden, sondern die pünktlichen: »Achtung, Achtung. Der Zug nach Frankfurt um 13 Uhr 37 fährt planmäßig um 13 Uhr 37.«

Franziska Badenschier, Dortmund

In einer lauen Sommerwochenendnacht saß mitten in der großen Haupthalle im Bremer Hauptbahnhof ein etwas jüngerer Gitarrist und leierte vor sich hin. Da ich selbst soeben aus einer Discothek kam und mir noch nicht nach meinem Bett zumute war, gesellte ich mich zu ihm und stimmte mit ein.

Dann kamen noch einige andere Reisende und setzten sich. Man konnte gar nicht so schnell gucken, wie sich Leute mit Bierkästen, Reisekoffern und Hamburger-Tüten ansammelten, bis ein 150-Personen-Chor fröhlich und lautstark sang: »Sie haben uns ein Denkmal gebaut!« Recht schnell versuchte der bahneigene Sicherheitsdienst, diese »ungenehmigte Versammlung« aufzulösen. Aber vor allem die älteren Reisenden sahen das gar nicht ein und wollten sich den Spaß beim Warten nicht nehmen lassen. Erst als dann die Polizei eintraf, wurde das spontane Treffen friedlich aufgelöst.

Björn Biermann, Ganderkesee

Vor einigen Jahren erfreute uns frühmorgens am Bahnhof in Köln-Porz eine sonore Computerstimme mit folgender Ansage: »Auf Gleis 1 fährt ein der Regionalexpress nach Fahrtziel nicht hinterlegt über Fahrtziel nicht hinterlegt Hauptbahnhof. Bitte Vorsicht bei der Einfahrt.« Wir haben damals gelacht darüber, waren jedoch erleichtert, dass der Zug nach Mönchengladbach dann doch kam.

Kristoffer S., Stockholm, Schweden

Neulich am Hauptbahnhof Düsseldorf hatte der Regionalexpress 1 wie so oft Probleme. Allerdings diesmal nicht nur der Zug, sondern auch die Ansagen. Eine Stimme vom Band war zu hören: »Bitte beachten Sie, der Zug fällt leider aus«, dann kam die Ansage eines Bahnmitarbeiters: »Es wird ein Ersatzzug mit den gleichen Fahrzeiten bereitgestellt.« Pause. Dann kamen mehrfach wiederholt die folgenden zwei automatischen Durchsagen:

»RE 1 wird heute leider entfallen.«

»RE 1 hat fünf Minuten Verspätung.«

Es folgte eine Pause von circa fünf Minuten, dann drei weitere automatische Durchsagen:

»RE 1 wird heute leider entfallen.«

»RE 1 hat fünf Minuten Verspätung.«

»RE 1 fährt ein.«

Die Reisenden waren sehr verwirrt. Man beschloss gemeinsam, einfach abzuwarten, was denn nun passieren werde.

Patrick Viola, Leverkusen

BAHN-ABC:
Zweite Klasse

Z

In Sachen Marketing hochgradig unglücklicher Name des Ortes, an dem sich 90 Prozent der Deutsche-Bahn-Kunden während der Fahrt aufhalten. In den USA heißt das entsprechende Angebot »Coach Class«, in spanischen Schnellzügen »Touristenklasse«, in vielen anderen Ländern »Economy«. Stellen Sie sich einen Metzger vor, der fragt, ob Sie lieber erstklassiges oder zweitklassiges Fleisch kaufen wollen. Oder einen Kellner im Restaurant: »Wünschen Sie noch ein Glas von unserem zweitklassigen Burgunder?«

Ich war nachts mit Bummelzügen von Mannheim Richtung Frankfurter Flughafen unterwegs, geplante Ankunft 4 Uhr

morgens. Ein Zug fiel aus, ein anderer fuhr nicht bis Frankfurt durch, und irgendwann stand ich als junge Frau, 21, völlig fassungslos auf dem Bahnsteig eines winzigen verlassenen Dorfes. Einige betrunkene Männer hatten mich schon entdeckt und realisiert, dass ich alleine war. Der Zugführer meines letzten Zuges erkannte meine Situation. Er legte den Kopf schief, entschuldigte sich für das Verpassen des Anschlusszuges und drückte mir sein privates Pfefferspray in die Hand. Das Letzte, was ich vor seiner Abfahrt hörte, war: »Tut mir leid und viel Glück!« Ich musste mir dann ein Taxi zum Frankfurter Flughafen nehmen und sehr viel dafür zahlen.

Daniela Bezdan, Barcelona, Spanien

Ich saß im Regionalexpress nach Münster, als nach dem Pfiff des Schaffners die Zugtüren einfach nicht schließen wollten. Nach zwei Minuten tönte eine Lautsprecherdurchsage durch sämtliche Abteile: »Wenn ihr zwei Turteltauben in der Tür jetzt nicht aufhört mit eurer Abschiedsknutscherei, dann dauert es für alle anderen Reisenden länger, bis sie endlich zu Hause sind und selber knutschen können. Deshalb Schluss jetzt!« Danach kam ein puterrotes Mädchen ins Abteil und setzte sich wortlos hin.

Kathrin Breer, Münster

Am Leipziger Hauptbahnhof war in den frühen Morgenstunden Folgendes zu hören: »Leipzscher Hauptbahnhof, hier Leipzscher Hauptbahnhof, Endstation, alle aussteigen. Säckl un Päckl nü vergessn!«

Tobias Wage, Dresden

Vor über 20 Jahren am Bochumer Hauptbahnhof, gegen 21 Uhr: Ein Zug fuhr ein und stoppte am Bahnsteig, dann öffnete sich das Fenster eines Abteils, und ein Arm streckte eine Trompete heraus. Unvermittelt ertönte an diesem winterlichen Abend ein Zapfenstreich. Der komplette Bahnhof schien für die gesamte Zeit dieses Stücks Blaskunst stillzustehen. Weder Durchsagen noch Gerede, noch Bremsenquietschen konnte man vernehmen. Es war das schönste Erlebnis, das ich jemals an einem Bahnsteig hatte!

Volker Ehrle, Essen

Nächster Halt Himmelreich

5394 Bahnhöfe gibt es in Deutschland, die meisten haben eher langweilige Namen. Es gibt jedoch ein paar Ausnahmen:

Lustige Worte:	**Lustige Orte:**	**Doppelnamen-Alarm: (laut vorlesen!)**
Aha	Einöd (Saar)	Büches-Düdelsheim
Erpel (Rhein)	Haßloch (Pfalz)	Eldagsen-Völksen
Feucht	Himmelpforten	Felsberg-Altenbrunslar
Güterglück	Himmelreich	Gera-Zwötzen
Halbe	Höllenthal	Isselhorst-Avenwedde
Igel	Oberkotzau	Klein Winternheim-Ober-Olm
Kordel	Pflaumloch	Loitsch-Hohenleuben
Kuchen	Strullendorf	Luckau-Uckro
Lieblos	Unfriedsdorf	Mengersgereuth-Hämmern
Müllrose	Würgendorf	Morschen-Altmorschen
Oberbillig		Neheim-Hüsten
Oschatz		Nieder Flörsheim-Dalsheim
Regen		Nottuln-Appelhülsen
Riegel		Oberoderwitz Oberdorf
Rohr (Thür)		Ottendorf-Okrilla Nord
Sand (Niederbay)		Rösrath-Stümpen
Sinn		Schoden-Ockfen
Triangel		Trais-Horloff
Witzwort		Westewitz-Hochweitzschen
Übersee		Zell-Romrod

Internet- und Buch-Tipps

Internet-Tipps:

www.Sorry-buecher.de
Homepage der Autoren

www.spiegel.de/bahnsprueche
Bahnsprüche-Themenseite auf SPIEGEL ONLINE

www.facebook.com/bahnsprueche
»Sorry, wir haben uns verfahren« bei Facebook

www.spiegel.de/reise/
Reise-Ressort von SPIEGEL ONLINE

Zum Weiterlesen:

www.bahn.de/p/view/service/umwelt/1_umweltbilanz.shtml
Umweltmobilcheck Deutsche Bahn

www.youtube.com/watch?gl=DE&hl=de&v=XEIk7OIGWFE
SWR-Sendung zum Schienenzeppelin (YouTube-Video)

http://bit.ly/qNk21M
Sehenswertes Video, das den wohl kürzesten Zug der Welt zeigt

http://bit.ly/yodHqx
Aufnahme eines nicht ganz einfachen Gesprächs mit der automatischen Ticketbuchungs-Hotline der Deutschen Bahn

http://bit.ly/PROU
Die Stimme von Emma Clarke kennt jeder Londoner, denn sie hat das berühmte »Mind the gap« für die U-Bahn aufgenommen. Hier macht sie sich über Bahn-Ansagen lustig.

kolumnen.de/lesen-bahnsinn.html
Nette Sammlung von Kolumnen über das Abenteuer Bahnfahrt

Homepage Christoph Kessel
www.meenzer-on-tour.de/weltreise.html

http://www.viadia.de
Homepage Manfred Weis

http://augen-auf-reise.de
Homepage Maria Seffar und Björn Felber

Buch-Tipps:

Dominik Bauer, Elias Hauck: »Bin ich Jesus?«. Kunstmann, 2011

»Geschichte der Eisenbahn in Deutschland«, Bände 1 bis 3, 2009. Katalog zur Dauerausstellung im DB Museum Nürnberg.

Christoph Kessel: »Nächster Halt: Darjeeling-Hauptbahnhof. Eine Weltreise mit öffentlichen Verkehrsmitteln«. Monsenstein und Vannerdat, 2006

Manfred Weis: »Szenen einer Reise«. Selbstverlag. Die Beschreibung seiner Interrail-Rekordreise ist beim Autor erhältlich: www.viadia.de/buchbest.htm

»Go easy Go Bahn – 200 Jahre Eisenbahn und Werbung«. Katalog zur Ausstellung im DB Museum Nürnberg.

Danksagung

Wir danken der Chefredaktion von SPIEGEL ONLINE, dass sie uns das Schreiben der drei *Sorry*-Bücher ermöglicht hat. Ebenso dem gesamten Ullstein-Verlag für die erfolgreiche Umsetzung unserer Ideen und für die gute Zusammenarbeit.

Unser Dank gilt auch Angelika Mette, Daniel Oertel, Bettina Hensel sowie den SPIEGEL-Dokumentaren Hauke Janssen und Sonja Maaß, die uns mit viel Einsatz unterstützt haben. Und Elias Hauck und Dominik Bauer, die wieder mit ihren Cartoons das Buch bereichert haben. Herrn Rainer Mertens vom DB Museum in Nürnberg sei gedankt für die Hilfe bei Fragen zur Bahnhistorie.

Und natürlich herzlichen Dank an all die Leser von SPIEGEL-ONLINE, die uns ihre Anekdoten aus der Welt der Bahn zur Verfügung gestellt haben. Mit ihnen haben wir die Copyright-Fragen nach bestem Wissen und Gewissen geklärt.

Nicht erreichte Verfasser werden gebeten, sich unter bahn@spiegel.de zu melden. Wir haben die Fakten der mit Namen gekennzeichneten zugesandten Beiträge bestmöglich überprüft.

Antje Blinda und Stephan Orth

Stephan Orth / Antje Blinda

Sorry, wir haben die Landebahn verfehlt

Kurioses aus dem Cockpit

ISBN 978-3-548-37326-3
www.ullstein-buchverlage.de

Vergessene Triebwerke, Piloten ohne Orientierung, Kühe auf der Landebahn: So manche Durchsage an Bord eines Flugzeugs treibt selbst erfahrenen Passagieren die Schweißperlen auf die Stirn. Hunderte von Lesern haben ihre Erlebnisse aus dem Cockpit an *Spiegel Online* geschickt – die besten und lustigsten Zitate und Anekdoten sind in diesem Buch versammelt. Also schnallen Sie sich an, klappen Sie die Tische hoch, und stellen Sie die Sitzlehnen aufrecht. Denn: »Meine Damen und Herren, das wird ein holpriger Ritt!«

»Sie brauchen nicht nervös zu sein, der Kapitän ist es auch nicht – und der macht den Anflug zum ersten Mal!«

ullstein

US337

Ferien fatal – Reisepannen aus aller Welt

Stephan Orth/Antje Blinda

SORRY, IHR HOTEL IST ABGEBRANNT

Kurioses aus dem Urlaub

ISBN 978-3-548-37410-9
www.ullstein-buchverlage.de

Hotelzimmer aus der Hölle, verwechselte Zielorte, unglaubliche Abzockertricks: Die schönste Zeit des Jahres kann im Handumdrehen zum Fiasko geraten. Mit diesem Reiseführer der verrücktesten Pannen sind Sie gegen die Tücken des Urlaubsalltags gewappnet – hier erfahren Sie, was Sie niemals im Katalog lesen werden, und können aus den amüsanten Erlebnissen von SPIEGEL-ONLINE-Lesern lernen. Denn wer nackt zum Begrüßungsdinner geht, sollte sicher sein, auch tatsächlich ein FKK-Resort gebucht zu haben.

US364

ullstein

Das Buch

Höchste Eisenbahn für dieses Buch! Denn wer hört sie nicht gerne, die unzähligen Geschichten rund um Pleiten, Pech und Passagierzüge? Vom Hitzechaos bis zu eingefrorenen Weichen, von verirrten Zügen bis zu verwirrten Schaffnern – eine Bahnfahrt gehört immer noch zu den abenteuerlichsten Reisen, auf die man sich einlassen kann. Und macht dank humorvoller Lokführer und Sitznachbarn manchmal auch richtig Spaß. Nach ihrem großen Bestseller *Sorry, wir haben die Landebahn verfehlt* sammelten Stephan Orth und Antje Blinda nun die besten, schrillsten und lustigsten Anekdoten zum Thema Bahnfahren, die Hunderte Leser an SPIEGEL ONLINE geschickt haben. Ihr Fazit? Totaler Bahnsinn!

Die Autoren

Antje Blinda, Jahrgang 1967, ist seit 1998 bei SPIEGEL ONLINE tätig, wo sie das Ressort »Reise« leitet.
Stephan Orth, Jahrgang 1979, arbeitet seit 2008 als Redakteur bei SPIEGEL ONLINE. Ihre beiden ersten »Sorry«-Bücher standen monatelang ganz oben auf der Taschenbuch-Bestsellerliste.

Von Stephan Orth und Antje Blinda sind in unserem Hause außerdem erschienen:
Sorry, wir haben die Landebahn verfehlt. Kurioses aus dem Cockpit
Sorry, Ihr Hotel ist abgebrannt. Kurioses aus dem Urlaub

ullstein